शेक्सपियर के प्रसिद्ध नाटक

निष्फल प्रेम

विलियम शेक्सपियर

अनुवाद

रांगेय राघव

डायमंड बुक्स

www.diamondbooks.in

प्रकाशक : डायमंड पॉकेट बुक्स (प्रा.) लि.
X-30 ओखला इंडस्ट्रियल एरिया, फेज-II
नई दिल्ली-110020
फोन : 011-40712200
ई-मेल : wecare@diamondbooks.in
वेबसाइट : www.diamondbooks.in
संस्करण : 2026
मुद्रक : रेप्रो (इंडिया)

Shakespeare Ke Prasiddh Natak : Nishfal Prem

By : William Shakespeare

शेक्सपियर : संक्षिप्त परिचय

विश्व साहित्य के गौरव, अंग्रेज़ी भाषा के अद्वितीय नाटककार शेक्सपियर का जन्म 26 अप्रैल, 1564 ई. में स्ट्रैटफ़ोर्ड-ऑन-ऐवोन नामक स्थान में हुआ। उसकी बाल्यावस्था के विषय में बहुत कम ज्ञात है। उसका पिता एक किसान का पुत्र था, जिसने अपने पुत्र की शिक्षा का अच्छा प्रबन्ध भी नहीं किया। 1582 ई. में शेक्सपियर का विवाह अपने से आठ वर्ष बड़ी ऐन हैथवे से हुआ और सम्भवतः उसका पारिवारिक जीवन सन्तोषजनक नहीं था। महारानी एलिज़ाबेथ के शासनकाल में 1585 ई. में शेक्सपियर लन्दन जाकर नाटक-कम्पनियों में काम करने लगा। हमारे जायसी, सूर और तुलसी का प्रायः समकालीन यह कवि यहीं आकर यशस्वी हुआ और उसने अनेक नाटक लिखे, जिनसे उसने धन और यश दोनों कमाए। 1612 ई. में उसने लिखना छोड़ दिया और अपने जन्म-स्थान को लौट गया और शेष जीवन उसने समृद्धि तथा सम्मान से बिताया। 1616 ई. में उसका स्वर्गवास हुआ। इस महान नाटककार ने जीवन के इतने पहलुओं को इतनी गहराई से चित्रित किया है कि वह विश्व-साहित्य में अपना सानी सहज ही नहीं पाता। मारलो तथा बेन जानसन जैसे उसके समकालीन कवि उसका उपहास करते रहे, किन्तु वे तो लुप्तप्राय हो गए; और यह कविकुल दिवाकर आज भी देदीप्यमान है।

शेक्सपियर ने लगभग छत्तीस नाटक लिखे हैं, कविताएँ अलग। उसके कुछ प्रसिद्ध नाटक हैं—जूलियस सीज़र, ऑथेलो, मैकबेथ, हैमलेट, किंग लियर, रोमियो जूलियट (दुःखान्त), वेनिस का सौदागर, बारहवीं रात,

तिल का ताड़ (मच एडू अबाउट नथिंग), तूफ़ान (सुखान्त)। इनके अतिरिक्त ऐतिहासिक नाटक हैं तथा प्रहसन भी हैं। प्रायः उसके सभी नाटक प्रसिद्ध हैं।

शेक्सपियर ने मानव-जीवन की शाश्वत भावनाओं को बड़े ही कुशल कलाकार की भाँति चित्रित किया है। उसके पात्र आज भी जीवित दिखाई देते हैं। जिस भाषा में शेक्सपियर के नाटकों का अनुवाद नहीं है वह उन्नत भाषाओं में कभी नहीं गिनी जा सकती।

भूमिका

निष्फल प्रेम नामक रचना को शेक्सपियर ने कॉमेडी (सुखान्त) नाटक के रूप में लिखा था। इसका कारण था कि इसमें व्यंग्य और हास्य की प्रधानता है, किन्तु वैसे यह सुखान्त नाटक नहीं है। यह तो गीतात्मक फन्तासिया माना गया है। इस नाटक का रचनाकाल सन्देह से पूर्ण है। 1588 से 1596 के बीच यह किसी समय लिखा गया, किन्तु अपनी शैली के दृष्टिकोण के आधार पर यह शेक्सपियर की एक प्रारम्भिक रचना है। इसमें रीतिकाव्य की भाँति शब्द-चमत्कार इतना अधिक है कि भावपक्ष के दृष्टिकोण से यह एक बहुत ही साधारण नाटक है। इसमें मज़ाक से अधिक व्यंग्य है और अन्त में हमें एक प्रकार का नीतिपरक परिणाम प्राप्त होता है, किन्तु पात्र कोई भी हाथ नहीं आता। जिस उदात्त भावगरिमा का नाम शेक्सपियर है, वह तो यहाँ नहीं है, किन्तु एक बात अवश्य यहाँ भी है कि स्त्री और पुरुष के पारस्परिक सम्बन्धों की समानता पर यहाँ लेखक ने ज़ोर दिया है। इसलिए यह नाटक अपना महत्त्व रखता है। शेक्सपियर ने कल्पनालोक को व्यापक प्रसार देने की चेष्टा की है, किन्तु वह उसमें सफल नहीं हो सका है, क्योंकि उसने जिस शैली को पकड़ा है, वह बहुत पैनी नहीं है, न गहरी। 'एक स्वप्न' में उसने जो सौन्दर्य दिया है, वह यहाँ नहीं है, न है यहाँ वह सफल प्रकृति-चित्रण ही, जो हमें *जैसा तुम चाहो* में मिल जाता है।

यहाँ कुछ ऐसी बातें हैं जिनका अर्थ हमारे समाज में अपना कोई

महत्त्व नहीं रखता, जैसे हमारे यहाँ तो भारतीय परम्परा में 'सींग' का महत्त्व नहीं, परन्तु यूरोप में व्यभिचारिणी स्त्री के सिर पर सींग होना एक प्रचलित मज़ाक माना जाता था। और इस नाटक में इस बात का आवश्यकता से अधिक उल्लेख है। पाश्चात्य संगीत के क्षेत्र से भी भारतीय पाठक का परिचय नहीं है। इसलिए ही जहाँ तक वर्णन का विषय है, वह बहुत उत्कृष्ट कोटि का नहीं हुआ है। फिर भी मध्यकाल को देखते हुए कवि ने समाज के उन लोगों पर गहरी चोट की है, जो विलास में डूबे रहकर भी विद्वत्ता का ढोंग करते हुए दार्शनिक बनते थे। पाण्डित्य पर तो शेक्सपियर ने बहुत ही कड़ा हमला किया है और उनकी शास्त्रीयता का खोखलापन दिखाया है। नारी के प्रति शेक्सपियर की दृष्टि यहाँ काफी सन्तुलित है, और उसने स्त्री के आत्मसम्मान की रक्षा की है। हम कह सकते हैं कि शेक्सपियर ने अपनी रचनाओं में अपने को अपने पात्रों के माध्यम से ही व्यक्त किया है।

किन्तु जब शेक्सपियर ने यह नाटक लिखा था तब चातुर्य का प्राबल्य था। इस दृष्टि से देखा जाए कि शेक्सपियर 'यूनिवर्सिटी विट' नहीं था, तब तो भाषा पर उसके अगाध पाण्डित्य को देखकर आश्चर्य होता है, परन्तु वह जितना महान कलाकार था, उसको देखते हुए खेद होता है कि परम्परा में बँधकर उसने भले ही समसामयिक प्रतिद्वन्द्वियों या पुरानी रुचि के दर्शकों को अपने से प्रभावित कर लिया हो, परन्तु विश्व-साहित्य की दृष्टि से वह यहाँ आ नहीं सका है।

गीतों से भी कोमल भावना और संवेदना के स्थान पर बाह्य चित्रण अधिक है और हिन्दी में उनका हमारी भाषा के भीतर नियोजन ठीक नहीं बैठता। फिर भी हमने उसकी आत्मा को प्रतिबिम्बित करने की चेष्टा की है।

इस नाटक में दरबारीपन बहुत है। तत्कालीन घटनाओं के प्रति इसमें व्यंग्य भी है, क्योंकि जिन चार व्यक्तियों का इसमें चित्रण है, वैसे ही व्यक्ति तब उल्लेखनीय भी थे। नेवैरे, बैरोने, ड्यूमेन, लौंगेविले के रूप में नेवैरे

का हैनरी, मार्शल डिबिरौन, डकडि लौंगेविले और डक ड्यूमेन ही सम्भवतः वर्णित हैं, क्योंकि वे लोग उस समय यश प्राप्त थे। इसी प्रकार अन्य पात्र भी हैं।

सम्भवतः यह शेक्सपियर की एक मौलिक रचना है, क्योंकि इसका कोई स्रोत नहीं मिला है।

इस नाटक का अनुवाद करना किसी हिन्दी के रीतिकालीन कवि की रचना का अनुवाद करने से भी अधिक कठिन कार्य प्रमाणित हुआ। इसमें मानवीय सार्वभौम भावपक्ष तो कम है, उल्टे लैटिन और अंग्रेज़ी का शब्द-चातुर्य ही नहीं, स्थानीय रीति-रिवाज और सन्दर्भ भी इतने संश्लिष्ट हैं कि अनुवाद में हिन्दी के पाठक को रस आना कठिन है। हमने फिर भी बड़े ही श्रम से उसका निर्वाह करने की चेष्टा की है, और जहाँ असम्भव-सा लगा है, भावार्थ करके नीचे मूल को समझाया है। कभी-कभी मुझे लगा है कि मैंने अनुवाद तो कर दिया है, किन्तु यदि यह नाटक खेला जाएगा तो उस समय फुटनोट के अभाव में भारतीय दर्शक इसे कैसे समझ सकेगा? किन्तु ऐसे स्थल बहुत थोड़े हैं और यदि अभिनय के समय हटा दिए जाएँ तो हानि नहीं होगी, क्योंकि उन उक्तिचातुर्य-प्रदर्शन के भागों में कथात्मकता नहीं है। उक्तिचातुर्य में कवि ने अश्लीलता को भी नहीं छोड़ा है। जहाँ तक बन सका है मैंने उसे बुझा देने की ही चेष्टा की है। शेक्सपियर का वास्तविक परिचय पाने के लिए अन्य नाटकों के साथ इस रचना का भी अध्ययन करना साहित्य के विद्यार्थी के लिए अत्यन्त ही आवश्यक है।

–रांगेय राघव

पात्र-परिचय

फर्डिनैंड	:	नेवैरे का सम्राट्
बैरोने **लौंगेविले** **ड्यूमेन**	:	सम्राट् की सेवा में रहने वाले लॉर्ड
बौएट **मार्केंडे**	:	फ्रांस की राजकुमारी की सेवा में रहने वाले लॉर्ड

अन्य लॉर्ड

आर्मेडो	:	एक झूठा दम्भी
नैथेनियल	:	एक क्यूरेट (एक किस्म का पादरी)
होलोफर्नीज़	:	एक ढोंगी ज्ञानी
डल		
कौस्टर्ड		
मौथ	:	आर्मेडो का परिचारक

एक वनप्रान्त में रहनेवाला व्यक्ति

फ्रांस की राजकुमारी

रोज़ालिन **मेरिया** **कैथराइन**	:	राजकुमारी की परिचारिकाएँ
जैक्वेनिटा	:	एक ग्रामीण लड़की।

पहला अंक

दृश्य 1

(नेवैरे के सम्राट् फर्डिनैंड, बैरोने, लौंगेविले तथा ड्यूमेन का प्रवेश)

सम्राट् : वह कीर्ति, जिसको प्राप्त करने के लिए मनुष्य अपने-अपने जीवन में प्रयत्न करते हैं, हमारी पीतल की कब्रों के ऊपर सदा के लिए अंकित हो जाएगी। और जब यह सर्वभक्षी समय अपने ईर्ष्यापूर्ण आवेश में आकर हमारे वर्तमान जीवन के कृत्यों को निगल जाएगा, तब मृत्यु द्वारा लाए गए इस उपेक्षापूर्ण अन्त के पश्चात् भी, हमारा गौरव जीवित रहेगा। वह अपूर्व सम्मान हमें प्राप्त होगा जो समय रूपी इस पैने हँसिए की तेज़ धार को भी भोंटा कर देगा और फिर हम इस संसार में अमर बनकर रहेंगे। इसीलिए, वीर विजेताओ! तुम सचमुच इसी गौरव के अधिकारी हो। अब अपनी समस्त वासनाओं और इच्छाओं के विरुद्ध संघर्ष करने के लिए प्रस्तुत हो जाओ। हमारा अभी किया हुआ निश्चय पूरी दृढ़ता के साथ कार्य-रूप में परिणत होगा और इस तरह नेवैरे सारे संसार का आश्चर्य बनकर रहेगा। हमारा राजदरबार एक प्रकार की शिक्षण-संस्था बनकर रहेगा, जहाँ जीवन की विविध समस्याओं पर गहन चिन्तन होगा। बैरोने, लौंगेविले और ड्यूमेन! तुम तीनों ने तो तीन वर्ष तक मेरे साथ रहने

की शपथ खा ली है और मेरे साथी बनकर उन सभी निर्देशों के पालन करने का दृढ़ निश्चय कर लिया है, जो इस आज्ञापत्र में लिखे हुए हैं। तुम्हारी शपथ तो हो चुकी, अब अपने हस्ताक्षर इस पर कर दो; जिससे जो लेशमात्र भी इनमें से किसी निर्देश का उल्लंघन करे, वह अपने ही हाथ से अपने सम्मान को आघात पहुँचाए। जैसी दृढ़ता तुमने शपथ ग्रहण करते समय दिखाई थी, यदि उसको कार्य-रूप में परिणत करने को वैसी ही दृढ़ता तुम्हारे अन्दर है, तो फिर अपने हस्ताक्षर कर दो और पूरे निश्चय के साथ अपने वचन का पालन भी करो।

लौंगेविले : मैंने दृढ़ निश्चय कर लिया है। यह तो केवल तीन वर्ष का ही संयम है यद्यपि शरीर को कष्ट मिलेगा, लेकिन चित्त को तो आनन्द प्राप्त होगा। मोटे पेटवालों के मस्तिष्क पतले होते हैं और स्वादिष्ट और सुखदायी सामग्रियाँ शरीर को तो पुष्ट कर देती हैं, लेकिन बुद्धि को क्षीण करती हैं।

ड्यूमेन : मेरे प्रिय स्वामी! मैंने इस संयमपूर्ण जीवन को स्वीकार कर लिया है। जीवन की समस्त वासनाएँ और इस संसार के निम्न कोटि के सभी सुख, मैं उन पतित प्राणियों को देता हूँ, जो पूरी तरह इनके दास बन चुके हैं। प्रेम, धन की लालसा, बाह्य दिखावा, वासना की तड़पन—इन सभी का परित्याग करके, मैं अपने चित्त को दर्शन में केन्द्रित कर लूँगा।

बैरोने : इनकी प्रतिज्ञा के पश्चात् मैं केवल इतना ही कह सकता हूँ स्वामी, कि यहाँ रहकर, तीन वर्ष तक आपके साथ अध्ययन करने की शपथ तो मैं पहले ही ले चुका हूँ, लेकिन इसके अलावा कुछ और कठोर निर्देश हैं, जैसे इस समय के बीच किसी स्त्री को न देखना, जो मुझे आशा है, उस आज्ञापत्र में नहीं लिखा है; फिर एक हफ्ते में एक दिन पूरी तरह उपवास करना और बाकी के छह दिन भी प्रतिदिन एक समय भोजन करना, जिसके बारे में भी मुझे आशा है, उसमें

नहीं लिखा है। इसके बाद रात में सिर्फ तीन घण्टे सोना और दिन में कभी भी झपकी तक न लेना; जबकि मैं रात-भर सोने का तो आदी हूँ ही, इसके साथ आधे दिन को भी रात के रूप में परिणत कर लेता हूँ। मेरे विचार से यह सब कुछ उस आज्ञापत्र में नहीं लिखा है। ओ, ये सभी बेकार के-से काम हैं और फिर स्त्रियों को न देखना, पढ़ना, उपवास करना, न सोना—ये सभी इतने कठोर निर्देश हैं कि इनका पालन भी नहीं किया जा सकता।

सम्राट् : अच्छा तो फिर इनके अतिरिक्त तुम्हारी भी शपथ पक्की हो चुकी।

बैरोने : लेकिन मेरे स्वामी! मैं इसको अस्वीकार करता हूँ। मैंने तो आपके साथ तीन वर्ष तक आपके राजदरबार में ठहरकर अध्ययन करने की शपथ ग्रहण की थी।

लौंगेविले : अन्य बातों की शपथ तुम ले चुके थे बैरोने!

बैरोने : हाँ, हाँ, ठीक है, वह तो मैंने मज़ाक में किया था। कृपया यह तो बताइए कि इस अध्ययन का उद्देश्य क्या है?

सम्राट् : उस ज्ञान को प्राप्त करना, जिसे इन कामों के बिना हम प्राप्त नहीं कर सकते।

बैरोने : आपका तात्पर्य उस अज्ञात वस्तु के ज्ञान से है, जो साधारण चेतना से नहीं जानी जा सकती?

सम्राट् : यही तो इस अध्ययन का श्रेष्ठ उद्देश्य है।

बैरोने : अच्छा तो फिर मैं इसके लिए शपथ ग्रहण करूँगा। मेरी शपथ उस वस्तु को जानने के लिए होगी, जिसको जानने के लिए मुझपर प्रतिबन्ध लगाया गया है, जैसे यह जानना कि कहाँ मैं अच्छी तरह दावत खा सकता हूँ, जबकि दावत के लिए मुझपर कठोर प्रतिबन्ध है; या यह अध्ययन करना कि कहाँ किस सुन्दरी से मिलन होगा, जबकि आज्ञापत्र के अनुसार सामान्य चेतना के क्षेत्र में स्त्रियों का स्थान नहीं है; या शपथ पालन करने का दृढ़ निश्चय करने के पश्चात् उसको तोड़ना, सीखना और अपने सत्य को न तोड़ना। यदि इस

अध्ययन का यही लाभ है, तो फिर यह अध्ययन उस वस्तु का ज्ञान रखता है, जिसको अभी तक यह स्वयं नहीं जानता। इसकी शपथ मेरे सामने लीजिए, फिर मैं कभी भी 'न' नहीं कहूँगा।

सम्राट् : हमारे शान्तिपूर्ण अध्ययन के बीच ये ही तो बाधाएँ हैं, जो हमारे चित्त को निरर्थक सुख की कामना के लिए प्रेरित करती हैं।

बैरोने : क्यों? सभी सुख निरर्थक हैं, और वह सबसे अधिक निरर्थक हैं, जो कष्ट सहकर तो अर्जित किया जाता है, लेकिन फिर भी जिसमें परिणाम सुख के स्थान पर दुःख ही रहता है, जैसे कष्ट सहकर एक पुस्तक का अध्ययन करना सत्य के प्रकाश की खोज करना, जबकि उस खोज से प्रकाश के स्थान पर आँखों का प्रकाश और नष्ट हो जाता है। जब एक प्रकाश दूसरे प्रकाश की खोज करता है, तो प्रकाश का प्रकाश खो जाता है, इसलिए इससे पहले कि आपको यह पता लगे कि अन्धकार में प्रकाश कहाँ स्थित है, आपकी दृष्टि नष्ट हो जाने से आपका प्रकाश अन्धकार में परिणत हो जाएगा। मेरी बात मानकर किसी सुन्दरी की दृष्टि से दृष्टि मिलाकर अपनी आँखों को सुख पहुँचाना सीखिए। जब उसकी चमक आँखों में भरेगी तो उनमें छाता हुआ अन्धकार, फिर प्रकाश के रूप में परिणत हो जाएगा। अध्ययन तो आकाश में चमकते हुए दिव्य सूर्य के समान है, जिसको कभी तीव्र दृष्टि गड़ाकर अधिक गहराई में नहीं खोजना चाहिए। लगातार परिश्रम करके अध्ययन करनेवालों ने क्या अधिक लाभ उठाया है? सिर्फ इतना ही कि दूसरों की पुस्तकों की दुहाई देना ज़रूर उन्होंने सीख लिया है। ये आकाश की गतिविधि के ज्ञानी ज्योतिषी, जो प्रत्येक तारे का नाम निश्चित करते हैं, अपनी अच्छी रातों का उन व्यक्तियों से क्या अधिक लाभ उठाते हैं, जो स्वयं अपने विषय में भी जानकारी न रखते हुए विचरण करते हैं। बहुज्ञता सिवाय अपनी प्रसिद्धि के और कुछ भी नहीं है। हर एक ज्ञानी हर वस्तु को नाम ही तो दे सकता है।

सम्राट् : अध्ययन के विरुद्ध तर्क करने के लिए कैसी अच्छी जानकारी है इनकी!

ड्यूमेन : और सारी कार्रवाई को रोकने के लिए यहाँ इन्होंने अपनी पूरी विद्वत्ता का प्रदर्शन किया है।

लौंगेविले : इन्होंने अनाज को तो चुन लिया है और बेकार की घास और पौधों को छोड़ दिया है।

बैरोने : वसन्त निकट आ रहा है, जबकि परिपक्व अवस्था-प्राप्त हंस प्रजनन प्रारम्भ करेंगे।

ड्यूमेन : यह कैसे कह गए आप?

बैरोने : स्थान और समय के उपयुक्त बात है।

ड्यूमेन : तर्क में कुछ नहीं? उसे आपने महत्त्व नहीं दिया?

बैरोने : तो फिर तुक में ही सही। बात बेतुकी तो नहीं है।

सम्राट् : बैरोने तो सारे विवेक को क्षीण करनेवाले उस तुषार की भाँति है जो वसन्त की नवजात कलियों को नष्ट कर देता है।

बैरोने : ठीक है, मैं मानता हूँ। लेकिन जब तक पक्षियों को कलरव करने के लिए उचित कारण न हो जाए, उससे पहले ही अभिमानी ग्रीष्म को क्यों बढ़-बढ़कर बातें करनी चाहिए? किसी समय विकृत जन्म पर मुझे क्यों प्रसन्न होना चाहिए? जैसे मैं मई में फूटती हुई कलियों पर बर्फ पड़ते देखना नहीं चाहता, उससे अधिक शीतकालीन 'क्रिसमस' अवसर पर गुलाब की कामना नहीं करता। मैं तो उसी वस्तु को चाहता हूँ जो अपने ठीक समय पर पैदा होती है। आपके अध्ययन करने की आयु तो बहुत पहले ही निकल गई। अब अध्ययन करना तो ऐसा रहेगा, जैसे कोई ऊपर की मंज़िल के छोटे-से दरवाज़े को खोलने के लिए मकान पर सामने से चढ़ता है।

सम्राट् : अच्छा, तो तुम इसमें भाग न लो बैरोने! जाओ अपने घर। विदा।

बैरोने : नहीं मेरे स्वामी! मैंने आपके साथ रहने की शपथ ली है और यद्यपि मैं पुस्तकों में सीमित इस अध्ययन के विरुद्ध बहुत कुछ कह गया

हूँ, लेकिन फिर भी, जो कुछ शपथ मैंने ली है, उसका पालन करने के लिए मैं दृढ़ प्रतिज्ञ हूँ; और मैं तीन वर्ष के इस कठोर संयमपूर्ण जीवन से, कभी अपने पैर पीछे नहीं हटाऊँगा। लाइए, दीजिए वह प्रतिज्ञापत्र मुझको। मैं उसको पढ़ता हूँ और फिर उसके कठोर प्रतिबन्धों के नीचे अपने हस्ताक्षर कर देता हूँ।

सम्राट् : अहा, बैरोने! तुम्हारी इस स्वीकृति ने, तुम्हें लज्जा और पतन से कैसे अच्छी तरह बचा लिया है।

बैरोने : *(पढ़ता है)* "आदेश : कोई भी स्त्री मेरे राजदरबार से एक मील के घेरे के अन्दर नहीं आएगी।"–क्या इसकी घोषणा हो चुकी है?

लौंगेविले : चार दिन पहले।

बैरोने : अच्छा, इसके लिए दण्ड क्या है? *(पढ़ता है)*
"यदि कोई आज्ञा का उल्लंघन करेगी तो उसकी जीभ कटवा ली जाएगी।"
किसने निश्चित किया है इस दण्ड को?

लौंगेविले : मैंने!

बैरोने : लेकिन प्रियलॉर्ड! ऐसा क्यों?

लौंगेविले : इस कठोर दण्ड की घोषणा से उनको डराने के लिए।

बैरोने : यह तो शराफत के खिलाफ बड़ा ही खतरनाक कानून है! *(पढ़ता है)*
"आदेश : अगर इन तीन सालों के बीच कोई भी व्यक्ति किसी स्त्री से बातें करता हुआ पाया गया, तो उसको जो भी राजदरबार के व्यक्ति निश्चित करेंगे, वही खुला दण्ड दिया जाएगा!"

मेरे स्वामी! इस आदेश का तो आप अवश्य उल्लंघन करेंगे, क्योंकि आप यह अच्छी तरह जानते हैं कि फ्रांस की राजकुमारी अपने बीमार और शिथिलकाय पिता के स्थान पर आपसे ऐक्वीटेन नामक स्थान वापस माँगने आई है। पूर्ण सुन्दरी है वह! इसलिए यह आदेश तो इसमें व्यर्थ ही रखा गया है, या यह समझा जाए कि वह सुन्दरी राजकुमारी व्यर्थ ही इधर आई है?

सम्राट् : क्या विचार है मेरे सरदारो! यह बात तो मैं बिलकुल भूल ही गया था।

बैरोने : इसलिए और भी अधिक प्रकट होता है कि इस अध्ययन की कोई निश्चित दिशा नहीं है, क्योंकि यह किसी लक्ष्य को प्राप्त करना तो अवश्य चाहता है; लेकिन उन कार्यों को यह भुला देता है, जो आवश्यक रूप से करने होंगे; इसलिए जिसको प्राप्त करने के लिए यह सबसे अधिक प्रयत्न करता है, उसको प्राप्त कर लेना भी इसकी ऐसी ही सफलता के समान है जैसे आग लगाकर किसी नगर पर अपना अधिकार करना, क्योंकि उसमें जीत के साथ हार अपने-आप सम्मिलित मिलती है।

सम्राट् : हमें इस आदेश में अवश्य कुछ संशोधन कर देना चाहिए। 'वह राजकुमारी केवल अपनी आवश्यकतावश ही यहाँ ठहर सकती हैं,' यह आज्ञा और जोड़ देनी चाहिए।

बैरोने : यह आवश्यकता तो इस तीन साल के भीतर तीन हज़ार बार हमको अपनी शपथ तोड़ने के लिए बाध्य कर देगी, क्योंकि प्रत्येक व्यक्ति अपनी कुछ स्वाभाविक वृत्तियाँ लेकर पैदा होता है, जो उसके लिए विशेष दैवी देन होती हैं। किसी प्रकार के बलप्रयोग से वे वृत्तियाँ व्यक्ति के चरित्र में पैदा नहीं हो सकतीं। अगर मैं अपनी शपथ का उल्लंघन कर दूँ, तो केवल इतना कहना, कि आवश्यकतावश मैंने ऐसा किया था, मेरे पक्ष का समर्थन करेगा? अब मैं इन सभी आदेशों के नीचे अपनी स्वीकृति के हस्ताक्षर किए देता हूँ, और जो लेशमात्र भी किसी आदेश का उल्लंघन करेगा उसको आजीवन कठोर दण्ड दिया जाएगा। प्रलोभन तो जैसे दूसरों के लिए हैं, वैसे ही मेरे लिए भी हैं, लेकिन चाहे मैं इन सबसे असहमत-सा दिखता हूँ, लेकिन मैं अन्तिम व्यक्ति हूँ जो अन्त तक अपनी शपथ का पालन करेगा। लेकिन क्या फिलहाल किसी मनोरंजन की आज्ञा नहीं है?

सम्राट् : अवश्य! हमारे राजदरबार में एक स्पेन का सुसंस्कृत यात्री आया है, दुनिया के सभी नए फैशनों से परिचित है और जिसका मस्तिष्क तो मानो अनेक नए-नए शब्दों और वाक्यांशों की टकसाल है। वह एक ऐसा आदमी है, जो अपनी व्यर्थ की बढ़ी-चढ़ी बातों को भी मधुर संगीत की तरह प्रकट करना जानता है। बड़े ही श्रेष्ठ व्यवहार वाला मनुष्य है, जिसे आदर्श मानकर उचित और अनुचित ने भी अपना निर्णायक स्वीकार कर लिया है। उस कल्पनाशील मनुष्य को आर्मेडो के नाम से पुकारा जाता है, वह कुछ समय के लिए हमारे अध्ययन के अन्तर्गत, कई-एक उन वीर योद्धाओं की कहानियाँ ओजस्वी भाषा में सुनाएगा, जो संसार के संघर्ष में स्पेन से सदा के लिए मिट चुके हैं। मेरे सरदारो! तुम्हें इसमें कितना आनन्द आएगा, यह तो मैं नहीं कह सकता, लेकिन मैं तो उसकी अतिरंजित बातें सुनना चाहता हूँ। मैं तो उसको अपने गायक के रूप में रचना चाहता हूँ।

बैरोने : आर्मेडो तो बड़ा ही ख्याति-प्राप्त आदमी है। ओजस्वी भाषा, नए-नए शब्दों और वाक्यांशों का पूरा अधिकारी है वह।

लौंगेविले : वह विदूषक कौस्टर्ड और ये महाशय आर्मेडो हमारे मनोरंजन की उपयुक्त सामग्री रहेंगे, इसलिए तीन साल तो अध्ययन करते हुए बहुत शीघ्र ही निकल जाएँगे।

(एक पत्र लिए एक सिपाही का कौस्टर्ड के साथ प्रवेश)

सिपाही : ड्यूक कौन-से हैं?

बैरोने : ये हैं। क्यों?

सिपाही : मैं स्वयं उनके दोषों को जानता हूँ क्योंकि मैं उनका सिपाही हूँ, लेकिन मैं अब स्वयं उनसे मिलना चाहता हूँ।

बैरोने : यही हैं वे। दोष मत कहो। कहो—वेश को जानता हूँ।[1]

1. Reprehend : सिपाही कम पढ़ा-लिखा है लेकिन दम्भ बड़े-बड़े शब्दों के प्रयोग करने का रखता है, जिनका वह पूरी तरह अर्थ भी नहीं जानता। इसी प्रकार reprehend →

सिपाही : श्रीमान, भूल हुई। क्षमा करें। आर्मेडो आपकी प्रशंसा करते हैं। बाहर बड़ी बदमाशी हो रही है, इस पत्र के द्वारा आप सब कुछ जान जाएँगे।

विदूषक : श्रीमान! इस पत्र में मुझसे सम्बन्धित बात है।

सम्राट् : शानदार आर्मेडो का पत्र है।

बैरोने : विषय चाहे कितना भी छोटा हो, लेकिन शब्द-जाल तो बड़ा ऊँचा होगा।

लौंगेविले : एक निम्न प्रकार के स्वर्ग के लिए बड़ी भारी आशा का अब प्रदर्शन होगा। परमात्मा धैर्य प्रदान करे हमको।

बैरोने : सुनने के लिए या अपनी हँसी रोकने के लिए?

लौंगेविले : शान्तिपूर्वक सुनने के लिए और सम्यक् रूप से हँसने के लिए या दोनों को छोड़ने के लिए।

बैरोने : श्रीमान! अच्छा तो यह रहे कि कोई ऐसी बात हो, जिसके कहने के ढंग से एक बार ऐसी हँसी उठे कि थमने का नाम ही न ले।

विदूषक : श्रीमान! मेरे विचार से जैक्वेनिटा के सम्बन्ध में कोई बात है। बात यह है—मैं उस काम में पकड़ा गया।

बैरोने : किस काम में?

विदूषक : श्रीमान! इस मुकाम में! और इस तरह से कि पीछा करते हुए[1]

→ शब्द का प्रयोग उसने यह कहने के लिए किया है कि मैं उनसे परिचित हूँ, लेकिन शब्द का अर्थ है दोष लगाना। हमने संवाद में 'दोष' ही को रखकर सिपाही के दोष और वेश के भ्रम की ओर संकेत किया है। सिपाही सम्भवतया दोष का अर्थ 'वेश' ही जानता है, नहीं तो वह कहता—मैं उनके वेश को जानता हूँ।

1. In manner and form following : विदूषक के संवाद में दो शब्दों पर पन का प्रयोग हुआ है। manner के साथ Manor-house का जिसमें पहले का अर्थ ढंग या काम तथा दूसरे का अर्थ है किसी जागीरदार का भवन। इसके पश्चात् Form के भी दो अर्थ हैं—(1) तरीका, तरह (2) बेंच (forme) तीसरा following पन के रूप में प्रयुक्त नहीं है। हमने विदूषक के द्वारा 'काम' के स्थान पर 'मुकाम' संवाद को संगत बनाने के लिए प्रयुक्त कर दिया है अन्यथा हिन्दी में उस वाक्चातुर्य को लाना कठिन है, इसके पश्चात् आगे फिर 'काम' शब्द लाकर तार जोड़ दिया है। तात्पर्य यह है कि विदूषक कुछ का कुछ अर्थ बताकर अपनी वाक्पटुता दिखा रहा है।

पकड़ा गया। ये तीन बातें हैं। पहली बात है—मुझे उसके साथ भवन में देखा गया था। दूसरी बात—उसके साथ बेंच पर बैठे हुए देखा गया। तीसरी बात—पार्क में उसका पीछा करते हुए पकड़ा गया था। इन सबको यदि एक साथ मिलाकर रख दिया जाए, तो यह बात निकलती है कि इस मुकाम यानी भवन में, इस तरह बेंच पर, पीछा करते हुए मैं पकड़ा गया।

अब श्रीमान्! सुनिए, क्या कहा था आपसे? मैंने कहा था, काम में पकड़ा गया। हाँ तो उसके लिए तो यह है कि किसी स्त्री से बातचीत करना तो पुरुष का काम है, काम यानी काम! आप जानते ही हैं—स्त्री पुरुष में काम। मेरा मतलब है काम यानी काम! इस तरह बेंच पर पकड़ा गया का मतलब है कि किसी भी तरह से, अब मैं कैसे कहूँ आखिर?

बैरोने : और आपने कहा था पीछा करने के लिए, श्रीमान् वह बात भी तो खोलिए!

विदूषक : क्योंकि यह मेरे संशोधन में पीछे आएगा, भगवान! उचित बात की रक्षा करें।

सम्राट् : क्या तुम इस पत्र को ध्यान से सुनोगे?

बैरोने : जैसे हम किसी देववाणी को सुनते वैसे ही अवश्य सुनेंगे।

विदूषक : यही तो आदमी का सीधापन है कि वह बुराई को भी सुनता है।

सम्राट् : "महान सम्राट्! आकाश के स्वामी! नेवैरे के एकमात्र अधिपति! मेरी आत्मा के देवता! मेरे शरीर के पालनकर्ता और संरक्षक।"

विदूषक : अभी तक कौस्टर्ड के सम्बन्ध में एक शब्द भी नहीं है।

सम्राट् : *(पढ़ता है)* "इस तरह से"...

विदूषक : काश! ऐसा ही हो? लेकिन यदि वे कहें कि ऐसा ही है तब तो वे सत्य कहते हैं, लेकिन इस तरह...

सम्राट् : शान्ति...

विदूषक : यह शान्ति अवश्य ही मेरे लिए हो और प्रत्येक आदमी के लिए जो लड़ने का साहस नहीं करता!

सम्राट् : बस, अब एक भी शब्द नहीं!

विदूषक : दूसरे मनुष्यों के बारे में एक भी शब्द न हो, यही तो मैं प्रार्थना करता हूँ।

सम्राट् : "इस तरह से गहन चिन्ता और विक्षोभ से घिरा हुआ मैं, आपके स्वास्थ्यप्रद प्रभाव की प्रशंसा करके, अपने हृदय के इस दूषित प्रभाव को दूर करने का प्रयत्न करने लगा; और चूँकि मैं एक शरीफ आदमी हूँ इसलिए घूमने निकल गया; किस समय?—करीब छह बजे, जब, जंगली जानवर अधिकतर चरते हैं, पक्षी अपना खाना चुगते हैं और मनुष्य अपना खाना खाने बैठते हैं। यह तो समय की बात रही, यानी किस समय का उत्तर हुआ। अब प्रश्न है किस जगह? जगह से मतलब उस स्थान से है जहाँ मैं घूमने गया था। वह आपका पार्क कहलाता है। फिर प्रश्न आया कि वहाँ किस जगह?—मतलब यह है कि जहाँ वह भद्दी और बेवकूफी की घटना घटी थी उस जगह, जो मुझे अपनी इस बरफ की सफेद कलम को काली स्याही में डुबोकर लिखने के लिए बाध्य कर रही है, जिसका परिणाम आप पत्र में देख रहे हैं, निरख रहे हैं, निरीक्षण कर रहे हैं! लेकिन किस स्थान पर? मैं बताता हूँ वह जगह। सुनिए! उत्तर की तरफ उत्तर-पूर्वी हिस्से में और आपके घास और पौधों से घने बाग के पश्चिमी कोने के पूर्वी कोने में, वह जगह है। वहाँ मैंने उस डरपोक बेवकूफ को देखा था, उसी बदमाश धूर्त्त को, जो आपका मनोरंजन करता है।"

विदूषक : क्या मुझको?

सम्राट् : "उस बेपढ़े-लिखे गँवार को"...

विदूषक : मुझको?

सम्राट् : "उस अधजल घड़े को"...

विदूषक : अभी तक भी मेरे सम्बन्ध में बात चल रही है?

सम्राट् : "जो, मेरे विचार से, कौस्टर्ड नाम का व्यक्ति है।"

विदूषक : ओ, मैं!

सम्राट् : "वह आपके द्वारा घोषित आज्ञा का उल्लंघन करता हुआ किसी के साथ जा रहा था। जिसके साथ...ओ! उसी के साथ—अच्छा तो मैं फिर आगे कह ही देता हूँ, जिसके लिए मुझे बड़ा दुःख है"...

विदूषक : युवती के साथ।

सम्राट् : "हमारी आदिमाता ईव की पुत्री अर्थात् किसी स्त्री के साथ, या और भी अच्छी तरह आपको समझाने के लिए कहूँगा, किसी कामिनी के साथ। जो मेरा कर्तव्य है उसी का पालन करते हुए, मैंने उसको आपके पास भेज दिया है; जिससे आपके अधिकारी ऐंटोनी डल, जो बड़ी अच्छी शान-शौकत के मशहूर आदमी हैं, अवश्य इसका दण्ड दें।"

सिपाही : मैं! क्या आपकी यह आज्ञा है? मैं ही ऐंटोनी डल हूँ।

सम्राट् : "उस स्त्री का नाम जैक्वेनिटा है, जिसको मैंने आपके उस मूर्ख विदूषक के साथ पकड़ा था। वह मेरे पास ही है। आज्ञा-उल्लंघन के अपराध में, कम-से-कम, मैं इतना तो चाहूँगा कि उसके ऊपर न्यायालय में अभियोग चलाया जाए।

आपका कर्तव्यपरायण और स्वामिभक्त सेवक—

डॉक ऐड्रियानो डि आर्मेडो।"

बैरोने : जिसकी मुझे आशा थी, वैसी अच्छी बात नहीं है यह, लेकिन फिर भी अभी तक जो बातें सुनी हैं उनमें सबसे अच्छी है।

सम्राट् : सबसे अच्छी? नहीं, सबसे खराब। लेकिन मूर्ख! अब बताओ, तुम क्या कहते हो इसपर?

विदूषक : श्रीमान्! मैं उस महिला के साथ की बात स्वीकार करता हूँ।

सम्राट् : क्या तुमने आज्ञा को घोषित होते हुए सुना था?

विदूषक : सुना तो बहुत काफी था, इसको मैं स्वीकार करता हूँ। लेकिन उसपर मैंने ध्यान बहुत थोड़ा दिया था।

सम्राट् : यह घोषित किया गया था कि यदि कोई पुरुष किसी स्त्री के साथ देखा जाएगा, उसको एक साल का कारावास मिलेगा।

विदूषक : लेकिन श्रीमान मुझे तो किसी स्त्री के साथ नहीं देखा गया, एक कामिनी के साथ अवश्य मुझे देखा गया था।

सम्राट् : तो ठीक है, कामिनी के बारे में घोषणा की गई थी।

विदूषक : वह कामिनी भी नहीं थी श्रीमान! वह तो कुमारी थी।

सम्राट् : अच्छा ठीक है, इस तरह भी सही। कुमारी के बारे में ही घोषणा की गई थी।

विदूषक : यदि यह भी है, तो फिर मैं उसके कुँवारेपन को अस्वीकार करता हूँ। मुझे तो एक महिला के साथ देखा गया था।

सम्राट् : महिला कहने से भी तुम्हारा काम नहीं चलेगा।

विदूषक : महिला मेरा काम चला देगी श्रीमान!

सम्राट् : मैं तुम्हारे लिए दण्ड की घोषणा करता हूँ—तुम एक हफ्ते तक सिर्फ अनाज की भूसी और पानी से निर्वाह करोगे।

विदूषक : मैं प्रार्थना करता हूँ, तनिक दण्ड बदल दीजिए। कृपया इसके बदले तो एक महीने गोश्त और रसेदार तरकारी खाकर निर्वाह कर लूँगा।

सम्राट् : और डॉन आर्मेडो तुम्हारी देखभाल रखेंगे। बैरोने! इसको डॉन आर्मेडो के सुपुर्द कर दीजिए। सरदारो! चलो! हम सभी अपनी शपथ को कार्य-रूप में परिणत करने के लिए चलें।

(सम्राट् लौंगेविले तथा ड्यूमेन का प्रस्थान)

बैरोने : मैं तो किसी अच्छे आदमी की बात में अपना चित्त लगाऊँगा। ये सारी प्रतिज्ञाएँ और नियम कोरे उपहास के विषय बन जाएँगे। चलो मूर्ख!

विदूषक : मुझे सत्य के लिए यह आपत्ति झेलनी पड़ रही है श्रीमान! सत्य बात यह है कि मुझे जैक्वेनिटा के साथ पकड़ा गया और जैक्वेनिटा एक सच्ची लड़की है, इसलिए ओ समृद्धि के कटु स्वाद देनेवाले

पात्र! स्वागत है तेरा। एक दिन तो पीड़ा भी फिर मुस्करा उठेगी। तब तक के लिए ओ हृदय की पीड़ा! शान्त हो जा।

(प्रस्थान)

दृश्य 2

(आर्मेडो और उसके परिचारक मौथ का प्रवेश)

आर्मेडो : लड़के! जब एक साहसी आदमी दुःखी होता है, तो उसमें क्या प्रकट होता है?

लड़का : बहुत कुछ प्रकट होता है श्रीमान! पहली बात तो यह है कि वह चिन्तित दिखाई देगा।

आर्मेडो : अरे वाचाल लड़के! चिन्ता और दुःख एक ही तो बात है।

लड़का : नहीं, नहीं स्वामी! ऐसा नहीं है।

आर्मेडो : अच्छा तो कोमल लड़के! चिन्ता और दुःख को तू अलग कैसे कर सकता है?

लड़का : मेरे कठोर-हृदय श्रीमान! उनके कार्य और प्रभाव के प्रदर्शन से उन्हें अलग किया जा सकता है।

आर्मेडो : कठोर-हृदय श्रीमान क्यों? कठोर क्यों कहा मुझे?

लड़का : कोमल लड़का क्यों कहा आपने मुझे? कोमल क्यों कहा?

आर्मेडो : मैंने तो तेरी यौवनावस्था के दिनों को देखकर तेरे लिए कोमल शब्द के विशेषण का प्रयोग किया था। इस आयु पर किसी को भी कोमल ही कहा जाता है।

लड़का : और आपकी वृद्धावस्था को देखकर मैंने आपके लिए कठोर शब्द का प्रयोग विशेषण के रूप में किया है। इस आयु पर किसी को भी कठोर कहा जा सकता है।

आर्मेडो : वाह! क्या खूब! और कैसा तत्पर उत्तर देता है तू!

लड़का : क्या मतलब है आपका श्रीमान! कि मैं खूबसूरत हूँ और मेरा उत्तर तत्पर है, या मैं तत्पर हूँ और मेरा कहना खूबसूरत है?

आर्मेडो : तू खूबसूरत है, क्योंकि अभी छोटा है।

लड़का : तो मैं खूबसूरत नहीं हो सकता। छोटापन क्या खूबसूरती ला सकता है? फिर तत्पर किसलिए कहते हैं आप?

आर्मेडो : क्योंकि तू तीव्र है इसलिए तत्पर है।

लड़का : स्वामी! क्या आप यह सब कुछ मेरी प्रशंसा में कह रहे हैं?

आर्मेडो : हाँ, उस प्रशंसा में जिसका तू अधिकारी है।

लड़का : जिन शब्दों में आपने मेरी प्रशंसा की है, मैं 'ईल' मछली की भी इन्हीं शब्दों में प्रशंसा करूँगा।

आर्मेडो : क्या एक 'ईल' मछली चतुर होती है।

लड़का : जी हाँ, एक 'ईल' मछली तीव्र होती है।

आर्मेडो : मैं कहता तो हूँ कि तू उत्तर देने में तीव्र और तत्पर है। तू मेरा खून गरम कर रहा है।

लड़का : मुझे उत्तर मिल गया श्रीमान।

आर्मेडो : मैं बीच में बात को काट देना बिलकुल पसन्द नहीं करता।

लड़का : बिलकुल उलटी बातें कर रहे हैं। आप पसन्द नहीं करते या काट के निशानवाले सिक्के[1] आपको पसन्द नहीं करते श्रीमान! जानते हैं रुपया काटवाला होता है क्योंकि उसपर काट का निशान होता है। वह रुपया आपको पसन्द नहीं करता।

आर्मेडो : मैंने तीन वर्ष तक सम्राट् के साथ अध्ययन करने की शपथ ग्रहण की है।

लड़का : लेकिन श्रीमान! आप तो वह सब कुछ एक घण्टे में ही कर सकते हैं।

---

1. Crosses : इसका अर्थ है धन, क्योंकि एलिज़ाबेथ काल में सिक्के के दूसरी तरफ वाला हिस्सा एक क्रौस [×] के निशान से कटा हुआ होता था, इसलिए काट शब्द पर मौथ ने पन का प्रयोग किया है।

आर्मेडो : असम्भव।

लड़का : एक के तिगुने को क्या कहते हैं?

आर्मेडो : इस गिनने से मुझे चिढ़ है। यह काम तो किसी दुकानदार के लिए ठीक है।

लड़का : आप एक शरीफ आदमी और दाँव खेलने वाले सज्जन हैं। श्रीमान!

आर्मेडो : मैं दोनों बातों को स्वीकार करता हूँ। दोनों ही बाह्य रूप से एक पूर्व मनुष्य के लिए आवश्यक गुण हैं।

लड़का : लेकिन मुझे विश्वास है, आप यह जानते होंगे कि दो और एक का कुल जोड़ कितना होता है।

आर्मेडो : दो से एक अधिक।

लड़का : जिसे बेपढ़े-लिखे बेवकूफ तीन कहते हैं।

आर्मेडो : ठीक है।

लड़का : श्रीमान! तो क्या इसमें अध्ययन करने की कोई विशेष बात है! अच्छा तो तीन बार पलक झपकने से पहले आपने तीन को जान लिया, अब इस तीन के साथ 'साल' शब्द लगा देना कितना आसान है श्रीमान्! और इस तरह दो शब्दों में कहूँ कि आपको तो तीन साल अध्ययन करना है, इसे तो आपको एक सरकस का घोड़ा तक बता देगा! इसमें मुश्किल क्या है?

आर्मेडो : बहुत ही अच्छा अंक है। तीन कितना अच्छा अंक है!

लड़का : आपको शून्य साबित करने के लिए, क्योंकि आपकी बात का तो कुछ भी मतलब नहीं निकला।

आर्मेडो : अब मैं यह स्वीकार करता हूँ कि मैं प्रेम करता हूँ और चूँकि एक सैनिक के लिए प्रेम करना निम्न कोटि का काम है, इसलिए मैं एक निम्न कोटि की स्त्री से ही प्रेम करता हूँ। यदि इस प्रेमोन्माद के विरुद्ध तलवार खींचना ही मुझे इस नीच विचार से मुक्त कर दे, तो मैं कामना को बन्दिनी बना सकता हूँ और उसके बदले में राजदरबार के नियम सीखने के लिए, उसे किसी फ्रान्सीसी दरबारी

के हाथ बेच सकता हूँ। मैं किसी के लिए आहें भरने से घृणा करता हूँ, इसलिए मेरे विचार से, मुझे कामदेव को भी हरा देने की शपथ लेनी चाहिए। मुझे धैर्य बंधा लड़के! यह बता कि किन-किन महान पुरुषों ने प्रेम किया है?

लड़का : स्वामी! हरक्यूलीज़ ने।

आर्मेडो : अहा! प्रिय हरक्यूलीज़। प्यारे लड़के! और महान नाम बता। सभी उच्चसम्मान प्राप्त और गौरवशाली व्यक्ति होने चाहिए।

लड़का : स्वामी! सैम्सन। वह तो बड़ा ही गौरवशाली व्यक्ति था। भारवाही की तरह नगरद्वारों को अपनी पीठ पर लादकर ले आया था वह। और वह प्रेम करता था।

आर्मेडो : ओ शक्तिशाली सैम्सन! दृढ़ शरीरवाले सैम्सन! मैं अपनी तलवार चलाने में, तुझसे उतने ही आगे बढ़ा हुआ हूँ, जितना तू नगरद्वार उठाने में मुझसे आगे है। मैं भी प्रेम करता हूँ। प्यारे मौथ सैम्सन की प्रेयसी कौन थी?

लड़का : एक स्त्री, स्वामी!

आर्मेडो : किस प्रवृत्ति की?

लड़का : चारों प्रवृत्तियों[1] की, या तीन की या दो की या चारों में से एक प्रवृत्ति की।

आर्मेडो : मुझे ठीक-ठीक बता कि किस तरह की थी वह?

लड़का : समुद्र के हरे पानी जैसी श्रीमान!

आर्मेडो : क्या चार प्रवृत्तियों में से यह एक है?

लड़का : जैसा मैंने पढ़ा है श्रीमान! उनमें से सबसे श्रेष्ठ प्रवृत्ति यही है।

---

1. Complexion : पहले यूरोप में यह विश्वास प्रचलित था कि मनुष्य के शरीर में चार प्रवृत्तियाँ (Humours) हैं; जैसे क्रोध, दुःख, निराशा या विक्षोभ, उत्फुल्लता। इन चारों के अलग-अलग रंग भी हैं। इन्हीं के सम्यक् विधान में गड़बड़ी हो जाने से शरीर में बाधाएँ पैदा होती हैं। यह विश्वास बहुत पुराना है।

आर्मेडो : निस्सन्देह प्रेमियों का रंग हरा ही होता है, लेकिन इस रंग की स्त्री को अपनी प्रेयसी बनाने के लिए तो सैम्सन के पास कोई बड़ा कारण नहीं रहा होगा। उसने उसके वाक्‌चातुर्य पर रीझकर उससे प्रेम किया होगा।

लड़का : यही बात थी श्रीमान! उसकी बहुत तेज़ बुद्धि थी।

आर्मेडो : मेरी प्रेयसी तो बिलकुल सफेद और लाल है। इसके अलावा उसके शरीर पर कोई दाग नहीं है।

लड़का : स्वामी! सबसे अधिक शुद्ध विचार इन्हीं रंगों के नीचे छिपे रहते हैं।

आर्मेडो : सुशिक्षित लड़के! इसको स्पष्ट करो।

लड़का : मेरे पिता की बुद्धि और माता की वाणी मेरी सहायता करे!

आर्मेडो : एक बच्चे के मुँह से बड़ी ही मधुर बात है! बड़ी सुन्दर और करुण!

लड़का :

यदि वह होगी लाल-सफेद
पकड़ न पाएगा कोई उसके दोषों के भेद।
जभी करेगी वह अपराध
लज्जा से गालों पर लाली छाएगी निर्बाध।
पकड़ न पाएगा फिर बात
कोई उसका रंग देखकर खा जाएगा मात।
भय से मुख होता है पीत
पड़ जाता है श्वेत विकल-सा मेरे मीत।
वह तो है पहले से श्वेत
फिर क्या रंग बदल पाएगा पाण्डुर श्वेत।
यदि वह होगी लाल सफेद
रंग बदलने का न प्रकट होगा तब भेद।

स्वामी! यह तो सफेद और लाल के विरुद्ध बड़ी खतरनाक तुकबन्दी रही।

आर्मेडो : 'सम्राट और भिखारिन' नाम का कोई 'लम्बा गीत' भी तो है, लड़के?

लड़का : तीन युगों तक तो संसार ऐसे यशोगीत गाने का बड़ा अपराधी बना रहा, लेकिन मेरे विचार से अब ये गीत प्रचलित नहीं रहे; और अगर यह होता भी, तो यह न तो लिखने के लिए ठीक रहता और न गाने के लिए।

आर्मेडो : मैं उस विषय को फिर नए तरीके से लिखवाऊँगा, जिससे मैं अपने इस प्रेम के पक्ष में कोई बड़ा-सा उदाहरण तो रख सकूँ। लड़के, जिस ग्रामीण लड़की को मैंने उस अक्लमन्द विदूषक कौस्टर्ड के साथ बाग में पकड़ा था, मैं उससे प्रेम करता हूँ। वह उसके लिए बिलकुल उपयुक्त है।

लड़का : कोड़े लगवाने के लिए? लेकिन फिर भी मेरे स्वामी से तो अच्छी है वह!

आर्मेडो : गाओ लड़के! प्रेम में मेरा दिल भारी हो जाता है।

लड़का : यह बड़ा आश्चर्य है कि आप एक गँवार स्त्री से प्रेम करते हैं।

आर्मेडो : मैं कहता हूँ, गाओ।

लड़का : जब तक वह झुण्ड यहाँ से न निकल जाए, तब तक के लिए रुकिए।

(विदूषक, सिपाही तथा जैक्वेनिटा का प्रवेश)

सिपाही : श्रीमान! सम्राट् की आज्ञा है कि आप कौस्टर्ड के ऊपर पूरी निगरानी रखें। न तो आप उसको किसी प्रकार के मनोरंजन में सम्मिलित होने दें और न किसी प्रकार के पश्चात्ताप का अवसर दें। बल्कि एक हफ्ते में तीन दिन उसको उपवास करने के लिए बाध्य करें। इस स्त्री को मैं बाग में रखूँगा। इसके लिए तो पशु-पालन कार्य सौंपा गया है। अच्छा विदा।

(प्रस्थान)

आर्मेडो : लज्जा से लाल हो जानेवाली इस स्त्री के प्रति मैं अपने-आपको धोखा दे रहा हूँ।

जैक्वेनिटा : सुनिए।

आर्मेडो : मैं घर पर तुमसे मिलूँगा।

जैक्वेनिटा : वह तो यहीं पास में ही स्थित है।

आर्मेडो : मैं जानता हूँ, वह कहाँ स्थित है।

जैक्वेनिटा : लॉर्ड! आप कितने बुद्धिमान हैं!

आर्मेडो : मैं तुम्हें बड़ी-बड़ी आश्चर्यमयी बातें बताऊँगा।

जैक्वेनिटा : इसी मुँह से?

आर्मेडो : मैं तुमको प्यार करता हूँ।

जैक्वेनिटा : नहीं, मैंने आपको कहते सुना है।

आर्मेडो : इसलिए अब विदा।

जैक्वेनिटा : आप पूरी तरह प्रसन्न रहें।

सिपाही : आओ जैक्वेनिटा! चलो।

(सिपाही और जैक्वेनिटा का प्रस्थान)

आर्मेडो : बदमाश! क्षमा किए जाने के पहले, तुझे अपने अपराधों के बदले उपवास करना होगा।

विदूषक : अच्छा श्रीमान! तो जब मैं उपवास करूँगा तो भरे पेट शुरू करूँगा।

आर्मेडो : तुझे पूरा दण्ड दिया जाएगा।

विदूषक : मैं तो दूसरों की अपेक्षा आपके प्रति उत्तरदायी अधिक हूँ, क्योंकि उनको तो औरों की तुलना में बहुत कम पुरस्कार मिलता है।

आर्मेडो : ले जाओ इस बदमाश को। बन्द कर दो।

लड़का : चल, ओ शपथ तोड़ने वाले बदमाश धूर्त! चल यहाँ से।

विदूषक : मुझे बन्द मत करो। मैं खुला रहकर ही उपवास कर लूँगा।

लड़का : नहीं, यह तो धोखेबाज़ी का खेल है। तू अवश्य कारागार में जाएगा।

विदूषक : अच्छा! तो अगर मैं इस तरह के एकान्तवास के दिन फिर कभी देखूँ, जैसे मैं देख चुका हूँ, तो फिर अभी कुछ और लोगों को भी वैसे ही देखने पड़ेंगे।

लड़का : क्या देखेंगे कुछ लोग?

विदूषक : कुछ भी नहीं मास्टर मौथ। सिवाय उसके कि जो कुछ भी वे देखते हैं और क्या देखेंगे। कैदियों के लिए अपने शब्द थामकर चुप रह जाना ठीक नहीं है, इसीलिए मैं कुछ भी नहीं कहूँगा। मैं परमात्मा को धन्यवाद देता हूँ कि मुझमें किसी दूसरे आदमी की तरह धैर्य नहीं है, इसलिए मैं चुप हो सकता हूँ।

(लड़के और विदूषक का प्रस्थान)

आर्मेडो : मैं उस भूमि से प्रेम करता हूँ, जो निम्न कोटि की है; जिसको उसके जूतों ने, जो निम्नतर कोटि के हैं, उसके उन पैरों से निर्देश पाकर, जो निम्नतम कोटि के हैं, रौंदा है। अगर मैं प्यार करूँगा तो मेरी शपथ भंग हो जाएगी, जो एक बहुत बड़ा झूठ है। जो झूठे तरीके से किया जाता है, वह सच्चा प्रेम कैसे हो सकता है? प्रेम तो संरक्षण करनेवाली देवात्मा है, लेकिन साथ में वह एक दैत्य भी है। प्रेम को छोड़कर और कोई नीच पिशाच नहीं है, फिर भी सैम्सन इसकी ओर आकर्षित हुआ था—वह तो एक बड़ा शक्तिशाली व्यक्ति था! और सॉलोमन भी उसके प्रलोभन में आ गया! यद्यपि वह बड़ा ही बुद्धिमान व्यक्ति था! कामदेव के बाण हरक्यूलिज़ के मोटे दण्ड से भी कहीं अधिक तीव्रता से मार करनेवाले होते हैं, इसलिए किसी स्पेनवासी की तलवार का भी उनसे कोई मुकाबिला नहीं है। पहले और दूसरे कारण तो मेरी सहायता नहीं करेंगे। हमले को तो वह कामदेव पसन्द नहीं करता और द्वन्द्व-युद्ध के नियमों की विशेष परवाह नहीं करता। सुकुमार पुकारे जाने में वह कामदेव अपना अपमान समझता है, लेकिन मनुष्यों का दमन करने में अपना गौरव समझता है।

वीरता! विदा। तलवार! ज़ंग लगकर बेकार हो जा। नक्कारे! शान्त हो जा। क्योंकि तुम्हारा स्वामी प्रेम करता है। हाँ, वह प्रेम करता है।

धारा-प्रवाह आशु काव्य के कोई देवता! मेरी सहायता करो! क्योंकि मुझे विश्वास है कि मैं सॉनेट लिख सकता हूँ। बुद्धि! कल्पना करो। लेखनी! लिखो; क्योंकि मैं तो बड़े-बड़े ग्रन्थ लिखने के लिए हूँ।

(प्रस्थान)

दूसरा अंक

दृश्य 1

(फ्रांस की राजकुमारी का अपनी तीन परिचारिकाओं–रोज़ालिन, मेरिया और कैथराइन तथा तीन लॉर्डों के साथ, जिनमें एक बौएट है, प्रवेश)

बौएट : श्रीमती! अपनी प्यार की मधुर भावना को अपने हृदय में जगा लीजिए और इस पर विचार करिए कि आपके पिता सम्राट् ने आपको किसके पास किस सम्बन्ध में भेजा है। सारा संसार आपको एक अमूल्य निधि समझकर किसी ऐसे व्यक्ति के योग्य समझता है, जिसमें सभी गुणों की पूर्णता हो और ऐसे अद्वितीय गौरववाले नेवैरे के सम्राट् ही हैं, केवल उन्हीं के लिए आना, ऐक्विटेन प्राप्ति के सम्बन्ध में आने से कम महत्त्वपूर्ण नहीं है, जो रानी के लिए दहेज हो सकता है। अब अपने इस अपूर्व सौन्दर्य का इसी तरह मुक्त कर से व्यय करिए, जैसे प्रकृति ने संसार के अन्य प्राणियों को वंचित रख कर पूर्णतया केवल आपको ही इसे दे दिया है।

राजकुमारी : श्रेष्ठ लॉर्ड बौएट! मेरा सौन्दर्य भले ही निम्न कोटि का हो, लेकिन इसके लिए आपकी इस बढ़ी-चढ़ी दिखावटी प्रशंसा की आवश्यकता नहीं है। सौन्दर्य की अनुभूति तो दृष्टि से होती है, उसका

वर्णन सौदा बेचनेवाले दलालों की-सी ज़बान से नहीं हो सकता। आप मेरी इस तरह प्रशंसा करके, जितना अपने-आपको बुद्धिमान कहलवाना चाहते हैं, उससे कहीं कम ही गर्व का अनुभव मैं यह सब कुछ सुनकर करती हूँ। लेकिन श्रेष्ठ बौएट! अब पहले अपना काम करिए। आपको यह पता ही है, और नेवैरे के बाहर सभी के बीच इस बात का शोर है कि नेवैरे के सम्राट् ने यह प्रतिज्ञा कर ली है कि कठिन अध्ययन के ये तीन वर्ष जब तक समाप्त नहीं हो जाएँगे तब तक कोई भी स्त्री उनके शान्तिपूर्ण प्रासाद के निकट तक नहीं जा पाएगी। इसलिए इससे पहले कि हम इनके प्रतिबन्ध की अवहेलना करके नगर-द्वारों के भीतर घुसें, इसके लिए उनकी आज्ञा प्राप्त कर लें। इस काम के लिए आप ही सबसे अधिक योग्य हैं। लॉर्ड बौएट! इसलिए हम आपको ही अपना श्रेष्ठ और प्रभावशाली दूत बनाकर भेजती हैं। उनसे कहिए कि फ्रांस की राजकुमारी किसी आवश्यक कार्य से आई हुई है और फिर शीघ्र ही लौट जाना चाहती है। इसलिए वह आपसे कुछ समय के लिए मिलने की आज्ञा चाहती है। शीघ्रता करिए और विनीत मुख-मुद्रावाले प्रार्थियों की तरह प्रार्थना करके उनकी इच्छा जानिए, तब तक हम यहीं प्रतीक्षा करती हैं।

बौएट : मुझे इस सेवा के लिए गर्व है, मैं सहर्ष अभी जाता हूँ।

राजकुमारी : सभी गर्व सहर्ष गर्व ही होता है, इसी प्रकार आपका भी है।

(बौएट का प्रस्थान)

श्रेष्ठ लॉर्डगण! इन गुणशील सम्राट् के साथ प्रतिज्ञा करने वाले इनके अनुयायी कौन-कौन हैं?

लॉर्ड : एक तो लौंगेविले हैं।

राजकुमारी : क्या आप उनको जानते हैं?

मेरिया : श्रीमती! मैं उनको जानती हूँ। लार्ड पेरीगोर्ट और जेक्स फैल्कनब्रिज की सुन्दर पुत्री के विवाह की दावत के समय मैंने उनको नौमण्डी में देखा था। श्रेष्ठ गुणसम्पन्न और उच्चगौरव प्राप्त व्यक्ति हैं। सभी

कलाओं में पूर्ण कुशल हैं और शस्त्र-अस्त्र विद्या में पूर्णतः पारंगत हैं। जिस वस्तु के विषय में वे अच्छे की कामना करें, वह कभी बुरी नहीं हो सकती। उनके गुणों की आभा के बीच एक ही धब्बा है। यदि किसी धब्बे से उस आभा में कोई दोष पैदा हो सकता है, तो वह है उनकी तीव्र बुद्धि के विपरीत उनकी इच्छा-शक्ति की शिथिलता। उनकी बुद्धि की तीव्रता तो किसी को भी काटने की सामर्थ्य रखती है, लेकिन इच्छा कभी भी दृढ़ निश्चय के रूप में नहीं बदलती। जो भी उनकी शक्ति के भीतर आ जाता है, उनका वाक्चातुर्य उसको नहीं छोड़ता।

राजकुमारी : कोई बड़े मज़ाकिया लॉर्ड लगते हैं।

मेरिया : जो उनके स्वभाव को खूब अच्छी तरह से जानते हैं, वे ऐसा ही कहते हैं।

राजकुमारी : ऐसी काल्पनिक बुद्धि की तीव्रता जैसे पैदा होती है वैसे ही नष्ट हो जाती है। बाकी और कौन हैं?

कैथराइन : नवयुवक ड्यूमेन है। बड़ा ही भरा-पूरा नवयुवक है और प्रेम ही इसका सबसे बड़ा गुण है, उसी गुण के लिए सभी उससे प्रेम करते हैं। किसी को भी अधिक से अधिक हानि पहुँचाने की सामर्थ्य तो रखता है, लेकिन बुराई को तो जानता तक नहीं, क्योंकि वह अपनी बुद्धि से बुराई को अच्छाई के रूप में बदलना भी जानता है और किसी भी वाक्चातुर्यहीन स्त्री तक का प्रेम प्राप्त कर सकता है। मैंने उसको एक बार ड्यूक ऐलैंसन के यहाँ देखा था और जो अच्छाई मैंने उसमें देखी, उसको देखते हुए तो जो मैं उसकी प्रशंसा कर रही हूँ, वह बहुत थोड़ी है।

रोज़ालिन : मैंने यह भी सुना है कि इनमें से एक शपथग्राही और था उनके साथ उस समय। उसका नाम बैरोने है। वह ज़्यादा खुशदिल आदमी है। अपने हँसी-मज़ाक के एक निश्चित दायरे में रहता है। मैंने तो कभी भी उससे एक घण्टे तक बातें नहीं कीं। अपनी बुद्धि का प्रदर्शन

करने के लिए उसकी दृष्टि उचित अवसर निकाल लेती है, क्योंकि जहाँ किसी चीज़ पर दृष्टि पड़ी कि बुद्धि ने उसका मज़ाक बना दिया; जिसे वह अपनी चतुराई को प्रकट करनेवाली ज़बान से, बड़े ही अच्छे और उचित शब्दों में बाँधकर, इस तरह सामने रखता है कि पुराने आदमी भी उसकी बातें सुनकर चुप रह जाते हैं और जवान लोग पूरी तरह दब जाते हैं। ऐसे मधुर और धारा-प्रवाह ढंग से बोलता है वह!

राजकुमारी : भगवान मेरी सभी सहेलियों को प्रसन्न रखे। क्या वे सभी प्रेम में पड़ गई हैं? कि प्रत्येक अपने-अपने प्रेमी की ऐसी बढ़ी-चढ़ी प्रशंसा कर रही हैं।

लॉर्ड : लीजिए, बौएट तो आ रहे हैं।

(बौएट का प्रवेश)

राजकुमारी : क्या समाचार है लॉर्ड?

बौएट : नेवैरे को आपके आने का पता था और मेरे आने से पहले वे और उनके सभी साथी आपसे मिलने के लिए तैयार हो गए थे। इतना तो मुझे पता लगा है कि वे आपको उस व्यक्ति की तरह, जो नगर के चारों ओर घेरा डालकर उनपर आक्रमण करने आया हो, बाहर खुले मैदान में ही ठहराने का इरादा कर चुके हैं। इस तरह वे आपको अपने शान्त निवास-स्थल में जाने की आज्ञा न देकर, अपनी प्रतिज्ञा का पालन करना चाहते हैं।

(महिलाएँ अपने को नकाब से ढक लेती हैं)

(सम्राट्, लौंगेविले, ड्यूमेन, बैरोने तथा परिचारिकों का प्रवेश)

वह देखिए, नेवैरे आ रहे हैं।

सम्राट् : सुन्दर राजकुमारी! नेवैरे के राजदरबार में आपका स्वागत है।

राजकुमारी : सुन्दर शब्द को तो मैं आपको ही वापस देती हूँ और स्वागत मेरा अभी तक हुआ नहीं है। इस दरबार की छत तो इतनी ऊँची है कि यह आपका तो हो ही नहीं सकता और इन फैले खेतों के

बीच मेरा स्वागत इतना निम्न कोटि का है कि वह मेरा स्वागत हो ही नहीं सकता।

सम्राट् : श्रीमती! आपका मेरे दरबार में स्वागत किया जाएगा।

राजकुमारी : तब मेरा अवश्य स्वागत होगा। मुझे उधर ही ले चलिए।

सम्राट् : श्रीमती! मेरी बात सुनिए। मैंने एक प्रतिज्ञा ग्रहण की है।

राजकुमारी : देवी मेरी ही श्रीमान की सहायता करें! आपकी प्रतिज्ञा अवश्य भंग हो जाएगी।

सम्राट् : दुनिया की इतनी ताकत नहीं है श्रीमती जी! इसे तो मैं अपनी इच्छा से ही भंग कर सकता हूँ।

राजकुमारी : हाँ-हाँ, इच्छा से ही तो यह भंग होगी और किसी चीज़ से नहीं।

सम्राट् : श्रीमती को अभी पता नहीं है कि वह प्रतिज्ञा क्या है।

राजकुमारी : अगर श्रीमान भी इसी तरह इस सबसे अनभिज्ञ होते, तो यही अनभिज्ञता उनकी बुद्धिमत्ता होती, जबकि इस समय उनकी बुद्धिमत्ता पूरी तरह उनका अज्ञान ही है। मैंने सुना है कि श्रीमान ने अतिथि-सत्कार न करने की प्रतिज्ञा ग्रहण कर ली है। श्रीमान, इसका पालन करना तो महापाप है और इसका उल्लंघन करना भी पाप है; लेकिन क्षमा करिए मुझको, मैं एकाएक ही इतना साहस कर गई। एक शिक्षक को शिक्षा देना मेरे लिए कहाँ तक उचित है? मेरा यहाँ आने का कारण पढ़कर, कृपया शीघ्र मेरे मामले का निर्णय कर दीजिए।

(उसे कागज़ देती है)

सम्राट् : श्रीमती! यदि मैं शीघ्र कर सका तो अवश्य करूँगा।

राजकुमारी : जितना शीघ्र हो सके उतना ही अच्छा है क्योंकि मैं यहाँ से चली जाऊँगी, नहीं तो मेरे यहाँ ठहरने से आपकी प्रतिज्ञा भंग हो जाएगी।

बैरोने : क्या मैं आपके साथ एक बार ब्रैबेंट में नहीं नाचा था?

रोज़ालिन : क्या मैं आपके साथ एक बार ब्रैबेंट में नहीं नाची थी?

बैरोने : अवश्य! मैं जानता हूँ।

रोज़ालिन : तो फिर यह प्रश्न पूछना कितना अनावश्यक था!

बैरोने : इतनी तेज़ी नहीं दिखानी चाहिए आपको अभी से।

रोज़ालिन : यह आपकी ज़्यादती है कि इस तरह की बातों से आप मुझको चोट पहुँचाते हैं।

बैरोने : आपकी बुद्धि इतनी गरम है कि यह बहुत तेज़ दौड़ती है। थक जाएगी यह!

रोज़ालिन : तब तक नहीं जब तक यह अपने सवार को दलदल में नहीं डाल देगी।

बैरोने : क्या बजा है इस समय?

रोज़ालिन : वही बजा है, जिनके बारे में बेवकूफ ही पूछ सकते हैं।

बैरोने : अच्छा तो सुन्दरी! अब तो यह अपना नकाब हटा लीजिए।

रोज़ालिन : जिस चेहरे को इसने ढाँक रखा है उसके ढँके रहने में ही सौभाग्य है।

बैरोने : कि वह आपके पास बहुत-से प्रेमियों को बुला सके?

रोज़ालिन : आमीन! आप तो उनमें से एक भी नहीं हैं?

बैरोने : तो फिर मैं जाता हूँ।

सम्राट् : श्रीमती! आपके पिता ने एक लाल क्राउन की अदायगी के बारे में लिखा है, जो उस पूरे धन का आधा भी नहीं है, जिसे मेरे पिता ने उसके युद्धों के लिए ऋण-रूप में दिया था। लेकिन न तो उन्होंने और न हमने, उस धन को पाया है; फिर भी एक लाख और बचा रहता है, जो अभी अदा किया जाना है; जिसकी ज़मानत में ऐक्विटेन का एक भाग हमारे अधिकार में है, यद्यपि उसका उतना मूल्य नहीं है। इसलिए अगर आपके पिता सम्राट् उस आधे धन को दे दें, जिसको उन्होंने नहीं दिया है, तो हम ऐक्विटेन से अपना अधिकार हटाकर उनसे मैत्री-भाव स्थापित कर लेंगे। लेकिन लगता ऐसा है कि उनका विचार नहीं है, क्योंकि इस पत्र के अनुसार तो वे ऐक्विटेन का

अधिकार इस तरह माँग रहे हैं, जैसे उन्होंने सारा ऋण चुका दिया है। उन्होंने यह नहीं लिखा है कि एक लाख क्राउन के देने पर, ऐक्विटेन उन्हें समर्पित कर दिया जाए। अगर हमें वह धन मिल जाता, जो हमारे पिता ने आपके पिता को ऋण-रूप में दिया था, तो हम इस गिरवी रखे हुए ऐक्विटेन को तुरन्त वापस कर देते। प्रिय राजकुमारी! यदि उनकी प्रार्थना इतनी अनुचित न होती तो आप स्वयं ही प्रार्थना करके उचित कर्तव्य की ओर मेरा ध्यान आकर्षित करतीं और पूरी तरह सन्तुष्ट होकर वापस फ्रांस को लौटतीं।

राजकुमारी : आप इस तरह उस धन की प्राप्ति अस्वीकार करके, जो पूरे विश्वास के साथ आपको चुका दिया गया है, मेरे पिता का अत्यधिक अपमान नहीं कर रहे हैं? और अपने नाम को भी धब्बा नहीं लगा रहे हैं?

सम्राट् : मैं निश्चयपूर्वक कह सकता हूँ, मैंने कभी इसके बारे में सुना तक नहीं; और अगर आप इसको सिद्ध कर दें तो मैं उस धन को आपको वापस दे दूँगा या ऐक्विटेन को आपको समर्पित कर दूँगा।

राजकुमारी : हम आपकी बात को पकड़ती हैं। बौएट! आप इनके पिता चार्ल्स के विशेष अधिकारियों के हाथ के उस धन के प्राप्ति-पत्र दिखला सकते हैं।

सम्राट् : हाँ, हाँ, इस तरह मुझे सन्तुष्ट कर दीजिए।

बौएट : जैसी आपकी आज्ञा। जिस पुलिन्दे में वह और दूसरे आवश्यक पत्र हैं; वह अभी पहुँच नहीं पाया है। कल आपको सभी कुछ दिखला दिया जाएगा।

सम्राट् : इतना ही पर्याप्त रहेगा मेरे लिए। मैं उनको देखकर अपने उचित कर्तव्य का पालन करूँगा। तब तक मैं अपने यहाँ आपका वही स्वागत करता हूँ जो आपके सर्वथा योग्य है और जिसमें मुझे किसी प्रकार अपनी शपथ को भंग नहीं करना पड़ता है।

सुन्दर राजकुमारी! यद्यपि आप नगर-द्वारों के भीतर प्रवेश नहीं कर सकतीं, लेकिन यहाँ बाहर भी आपका इस प्रकार स्वागत होगा कि आप यह अनुभव करेंगी जैसे स्वयं मेरे हृदय में आप रह रही हैं; यद्यपि मेरे महल में प्रवेश करने की आपको मनाही है। आपके निजी श्रेष्ठ विचार मुझे क्षमा करें। अच्छा, विदा! कल फिर हम आपसे मिलेंगे।

राजकुमारी : श्रीमान का स्वास्थ्य अच्छा रहे और सभी सुन्दर कामनाएँ पूर्ण होती रहें।

सम्राट् : मैं भी प्रत्येक स्थान पर आपके लिए यही शुभकामना करता हूँ।

(परिचारकों सहित प्रस्थान)

बैरोने : श्रीमती! मैं अपने हृदय से आपकी प्रशंसा करता हूँ।

रोज़ालिन : अवश्य, कृपा करके आप मेरी प्रशंसा करिए! मुझे इससे प्रसन्नता होगी।

बैरोने : काश! आप इसकी तड़पन सुन पातीं!

रोज़ालिन : क्या दिल बीमार है?

बैरोने : दिल की बीमारी ही है।

रोज़ालिन : हाय! तब तो उसका खून बह जाने दीजिए।

बैरोने : क्या उससे फायदा हो जाएगा?

रोज़ालिन : शरीर-रोग-सम्बन्धी मेरा ज्ञान तो यही कहता है।

बैरोने : तो क्या आप अपनी आँख को चुभाकर इस दिल का खून निकाल देंगी?

रोज़ालिन : मेरी आँखें इतनी तीखी नहीं हैं, अपने चाकू से यह कर सकती हूँ।

बैरोने : परमात्मा आपको बचाए।

रोज़ालिन : और आपको लम्बे जीवन से बचाए।

बैरोने : मैं धन्यवाद देने को भी नहीं रुक सकता।

(पीछे हट जाता है। ड्यूमेन का प्रवेश)

ड्यूमेन : श्रीमान! मैं आपसे एक बात पूछना चाहता हूँ—वे श्रीमती कौन हैं?

बौएट : ऐलैंसन की पुत्री। कैथराइन नाम है उसका।

ड्यूमेन : बड़ी बहादुर स्त्री है। अच्छा श्रीमान! विदा।

(प्रस्थान)

लौंगेविले : मैं आपसे एक बात पूछना चाहता हूँ—वे सफेद कपड़े पहने हुए कौन हैं?

बौएट : अगर आपने उसे कभी प्रकाश में देखा हो तो शायद एक स्त्री है।

लौंगेविले : कभी शायद इस प्रकाश को प्रकाश में देखा ज़रूर है। मैं तो उनका नाम चाहता हूँ।

बौएट : वह तो इनके पास एक ही है जो उनके अपने लिए है। उसको चाहने में तो आपको शरम आनी चाहिए।

लौंगेविले : कृपा करके यह बताइए श्रीमान! किसकी पुत्री है।

बौएट : मैंने तो सुना है कि अपनी माता की है।

लौंगेविले : परमात्मा आपकी इस दाढ़ी पर कृपा करें।

बौएट : श्रीमान्, क्रुद्ध मत होइए। यह फैल्कनब्रिज की पुत्री है।

लौंगेविले : ठीक है, अब मेरा क्रोध शान्त हो गया। वे तो बड़ी ही सुन्दर स्त्री हैं।

बौएट : हो सकता है, श्रीमान! ठीक ही है।

(लौंगेविले का प्रस्थान और बैरोने का प्रवेश)

बैरोने : जो टोपी पहने हुए हैं उनका नाम क्या है?

बौएट : सौभाग्य से उनको रोज़ालिन कहकर पुकारते हैं।

बैरोने : उनका सम्बन्ध हो गया है या नहीं?

बौएट : अपनी इच्छा से ही सम्बन्ध हुआ है श्रीमान!

बैरोने : आपका स्वागत है श्रीमान! अच्छा विदा।

बौएट : विदा मेरे लिए श्रीमान और स्वागत आपके लिए।

(बैरोने का प्रस्थान। महिलाएँ नकाब उतारती हैं)

मेरिया : वह आखिरी बैरोने हैं। बड़ा मज़ाकिया किस्म का लॉर्ड है। उससे तो सिवाय मज़ाक के एक लफ्ज़ भी मत बोलना।

बौएट : और हरेक मज़ाक सिर्फ एक ही लफ्ज़ में पूरा हो जाना चाहिए।

राजकुमारी : यह आपने ठीक किया कि उनकी बात को पकड़ लिया।

बौएट : जितना वह हमला करने पर तुला हुआ था उतना ही लड़ने के लिए मैं तैयार था।

कैथराइन : दो तेज़ मिज़ाज की भेड़ें मिलीं, तो फिर चारा ही क्या रहा?

बौएट : तुम तो मेमना ठहरीं, भेड़ों की बात क्यों उठाती हो! पहले अपने होंठों की चरागाह तो देखो।

कैथराइन : तुम तो भेड़ हो और मैं चरागाह हूँ। क्या इससे मज़ाक पूरा हो जाता है?

बौएट : तो फिर तुम मुझको चरने दो।

(चुम्बन लेने को आगे बढ़ता है)

कैथराइन : इस तरह नहीं सीधे जानवर! मेरे होंठ यद्यपि अलग-अलग हैं फिर भी वे कोई आमतौर पर काम में लाने के लिए थोड़े ही हैं।

बौएट : किसका अधिकार है उनपर?

कैथराइन : मेरे भाग्य का और मेरा।

राजकुमारी : अच्छे वाक्चतुर व्यक्ति कभी समझौते की स्थिति पर नहीं आएँगे, लेकिन अन्य साधारण अच्छे स्वभाव के व्यक्ति आपस में समझौता कर लेते हैं। यह वाक्चातुर्य का जो गृहयुद्ध-सा छिड़ा हुआ है, इसका प्रयोग नेवैरे और उनके विद्वान साथियों पर अच्छा होगा, क्योंकि यहाँ तो इसका दुरुपयोग ही हो रहा है। यह बहुत ही बुरा है और इसकी यहाँ आवश्यकता भी नहीं है।

बौएट : यह मेरा अनुभव है, जो हृदय की बातों को आँखों द्वारा प्रकट होते देखने में बहुत कम ही गलत निकलता है, मुझे इस समय धोखा नहीं दे रहा है, तो मैं कहता हूँ कि नेवैरे पर असर हो गया है। वह प्रभावित हो चुका है।

राजकुमारी : किससे?

बौएट : उससे, जिसको हम प्रेमीजन प्रेम कहते हैं।

राजकुमारी : इसका आधार?

बौएट : प्रेमी के सारे काम, आखिर जाकर उसकी आँखों में झलकते हैं, जिनमें पूरी तृष्णा समा जाती हैं। उसके हृदय पर आपकी छाप पड़ी हुई है। अपने ऊपर उसे गर्व है और वह गर्व उसकी आँखों में झलकता है। उसकी ज़बान बोलने के लिए पूरी तरह अधीर होकर जल्दी में लड़खड़ा गई है और उसके हृदय का यह भाव उसकी आँखों में उतर आया। किसी अपूर्व सुन्दरी की ओर देखने से, जो भी हृदय में भाव उठते हैं, वे सभी आँखों के द्वारा व्यक्त हो रहे थे। मेरे विचार से तो उसके हृदय के सारे भाव उसकी आँखों में इस तरह बन्द थे, जैसे किसी राजकुमार द्वारा खरीदे जाने के लिए जवाहरात पारदर्शी केस में रखे रहते हैं और शीशे के पीछे से अपना मूल्य बताते हुए इशारा करते हैं कि उनके पास से गुज़रते समय उन्हें खरीद लिया जाए। उसके चेहरे पर ही इस तरह के भाव थे कि सभी लोगों ने उसकी आँखों को किसी की आँखों के जादू में घिरे हुए देखा था। मैं आपको ऐक्विटेन और इसके अलावा उसका सब कुछ देता हूँ, लेकिन आप मेरे कहने से उसको सिर्फ एक चुम्बन दे दीजिए।

राजकुमारी : आओ, देखो, बौएट मज़ाक कर रहे हैं।

बौएट : लेकिन जो कुछ उसकी आँखों में है, उसको शब्दों के रूप में कहकर तो मैंने उसकी आँखों को एक मुँह के रूप में बदल दिया है और उसमें एक ज़बान जोड़ दी है, जो मैं जानता हूँ, झूठ नहीं बोल सकती।

मेरिया : तुम तो पुराने प्रेमी हो, इसीलिए इतनी चतुराई की बातें करते हो।

कैथराइन : कामदेव के दादा हैं ये और उसकी सारी खबर रखते हैं।

रोज़ालिन : तो फिर वीनस देवी क्या अपनी माँ की तरह होगी, क्योंकि उसके पिता जुपिटर तो बड़े क्रोधी और कठोर स्वभाव के हैं?

बौएट : सुनती हो इन पागल स्त्रियों की बातें?
मेरिया : नहीं।
बौएट : तो फिर तुम क्या देखती हो?
मेरिया : अपने जाने की राह।
बौएट : तुम तो मेरे लिए बड़ी कठोर हो।

(प्रस्थान)

तीसरा अंक

दृश्य 1

(आर्मेंडो और लड़के का प्रवेश)

आर्मेंडो : गाओ लड़के! मेरे कानों में मधुर संगीत-लहरी भर दो।

(लड़का कोन्कोलिनैल[1] गाता है)

आर्मेंडो : प्रिय सुकुमार लड़के! यह चाभी ले जाओ और उस मूर्ख को खोल दो और फिर शीघ्र उसे यहाँ ले आओ। मैं अपनी प्रेयसी के पास उसके द्वारा एक पत्र भेजना चाहता हूँ।

लड़का : क्या आप अपनी प्रेयसी को फ्रांस के ब्राउल[2] नृत्य के द्वारा अपने वश में करेंगे?

आर्मेंडो : क्या मतलब! फ्रांस की भाषा में बड़बड़ाने के द्वारा? यह कैसे हो सकता है! कोलाहल नृत्य?

लड़का : नहीं मेरे मालिक! बल्कि पहले तो किसी धुन को ज़बान पर नचाना, फिर उसके साथ पैर उठाकर नाचना और उसके अनुसार अपनी आँखें फिराकर उसको ठीक कर लेना, यही ब्राउल नृत्य है। एक

---

1. Concolinel : सम्भवतया उस गाने का शीर्षक जिसे मौथ गाता है।
2. Browl : इस शब्द के दो अर्थ हैं—(1) एक प्रकार फ्रांस का नृत्य। (2) बड़बड़ाना। इस पन को अलग-अलग शब्दों के द्वारा ही हमने निभाया है।

गाने को गुनगुनाइए और फिर उस गाने को कभी गले से गाइए जैसे मानो आप प्यार के गीत गाकर प्रेम को आत्मसात् कर गए हों; कभी-कभी नाक में होकर भी गाइए, मानो आपने पूरी तरह एक विक्षिप्त प्रेमी होकर, प्रेम को सूँघकर, उसे अपने अन्दर चढ़ा लिया हो, तो उसे ब्राउल नृत्य कहा जा सकता है। ऐसे समय आपके हाथ अपने कसे हुए डबलैट पर एक-दूसरे से लिपटे हुए होने चाहिए, जैसे एक खरगोश ज़मीन पर बैठता है, या आपके हाथ, उस आदमी की तरह जो पुरानी तस्वीर देखता है, अपनी जेब में होने चाहिए। इसके अलावा अधिक देर तक एक ही धुन छेड़ते न रहना चाहिए, बल्कि एक बार छेड़ दी और फिर परे रह जाना चाहिए। ये आवश्यक गुण और इनके ढंग होने चाहिए। ये बड़ी-बड़ी अच्छी स्त्रियों को अपने जाल में फाँस लेते हैं और उन व्यक्तियों को जो इनसे सम्पन्न हैं, प्रसिद्धि दिलाते हैं। क्या आप उन आदमियों को देखते हैं, जो इन तरीकों की ओर सबसे अधिक आकर्षित हैं?

आर्मेडो : यह अनुभव तुमने कैसे प्राप्त किया?

लड़का : अपनी निरीक्षण-क्षमता से।

आर्मेडो : लेकिन, लेकिन खैर!

लड़का : उस अश्वगीत को तो भूल ही गए आप।

आर्मेडो : क्या? तू मेरे प्रेम को वेश्या[1] कहता है।

लड़का : नहीं स्वामी! अश्व से मेरा मतलब एक बछड़े से था, जबकि शायद आपका प्रेम एक आम किराए के घोड़े जैसा है। लेकिन क्या आप अपनी प्रेयसी को भूल गए हैं?

---

1. Hobby horse : इस शब्द पर पन का प्रयोग किया है। इसके दो अर्थ हैं—(1) वह गीत जिसमें गायक बनावटी घोड़े की आकृति और शरीर लगाकर अभिनय करता है और गाता है, जिसके लिए हमने 'अश्वगीत' शब्द का प्रयोग किया है। (2) वेश्या। हमने अश्व और वेश्या इन दोनों निकट की ध्वनिवाले शब्दों को लेकर अपनी सीमाओं में पन को निभाया है।

आर्मेडो : हाँ, करीब-करीब भूल ही चुका हूँ।

लड़का : लापरवाह विद्यार्थी हैं आप! उसका नाम तो हृदय से याद कर लेना चाहिए आपको!

आर्मेडो : हृदय से! और हृदय में बिठा लेना चाहिए, लड़के!

लड़का : और हृदय के बाहर भी! स्वामी! इन तीनों चीज़ों को मैं सिद्ध करूँगा।

आर्मेडो : क्या सिद्ध करेगा तू?

लड़का : अगर मैं ज़िन्दा रहा तो प्रमाणित कर दूँगा। एक ऐसा आदमी जो एक ही समय में 'से', 'में' और 'बाहर' के द्वारा अपने प्रेम में बद्ध है। अपनी प्रेयसी को हृदय से प्रेम करते हैं, क्योंकि आपका हृदय उनके पास[1] कभी नहीं जा सकता। हृदय में आप उनको प्रेम करते हैं और हृदय के बाहर आप उनको प्रेम करते हैं, क्योंकि आपका हृदय इस सबके बाहर रहकर उनमें किसी प्रकार के आनन्द का अनुभव नहीं करता।

आर्मेडो : मैं यह तीनों हूँ।

लड़का : अजी आप इनसे तिगुने हैं और कुछ भी नहीं है।

आर्मेडो : उस मूर्ख को इधर पकड़कर ले आओ। वह मेरा एक पत्र ले जाएगा।

लड़का : यह सन्देश सहानुभूति के योग्य है। गधे का सन्देशवाहक घोड़ा!

आर्मेडो : हा, हा! क्या कहता है तू?

लड़का : श्रीमान! आपको घोड़े के ऊपर बिठाकर गधे को भेजना चाहिए, क्योंकि गधे की चाल बड़ी धीमी होती है। लेकिन मैं जाता हूँ।

आर्मेडो : ज़रा-सा ही तो रास्ता है, जाओ।

लड़का : सीसे की गोली के समान तेज़ी से जाता हूँ, श्रीमान!

आर्मेडो : तेरा उत्तर तो बड़ी चतुराई-भरा होता है। क्या सीसा एक भारी

---

1. By : यहाँ लड़का By, in, out, इन तीनों शब्दों को लेकर अपना चातुर्य दिखाता है। by के दो अर्थ हैं—(1) से, द्वारा (2) पास। हमने दोनों शब्दों का प्रयोग किया है।

और स्थिर रहनेवाली धातु नहीं होती!

लड़का : बिलकुल नहीं, मेरे सच्चे स्वामी?

आर्मेडो : मैं कहता हूँ, सीसा बड़ा ही धीमा सरकनेवाला होता है।

लड़का : श्रीमान! ऐसा कहने में आप बड़ी शीघ्रता कर रहे हैं। क्या वह सीसा धीमी चाल से जाता है जो बन्दूक की नली से दागा जाता है?

आर्मेडो : वाह, क्या खूब बात कही है। मुझे तो इसने बन्दूक बना दिया और खुद सीसे की गोली बन गया। अच्छा तो मैं तुझे उस मूर्ख की तरफ दागता हूँ।

लड़का : अच्छा तो दबाइए घोड़ा और मैं भागा यहाँ से।

(प्रस्थान)

आर्मेडो : बड़ा ही मज़ाकिया और बोलनेवाला है! मधुर आकाश! अब मैं तेरी ओर निःश्वासें भरना प्रारम्भ करूँगा। विक्षोभ की क्रूर भावना! वीरता की भावना के स्थान पर अपना अधिकार स्थापित कर लो! मेरा सन्देशवाहक लौट आया है।

(लड़का विदूषक को साथ लेकर आता है)

लड़का : आश्चर्य, स्वामी! देखिए, इस कौस्टर्ड के पैर की हड्डी टूट गई है।

आर्मेडो : कोई रहस्यपूर्ण बात है, कोई चक्कर है! बताओ, अपनी बात का असली सार प्रकट करो न?

विदूषक : न कोई रहस्य है, न चक्कर। न सार, न साल्व। साल्व[1] तो जानते

---

1. L'envoy salve : इस दृश्य में विदूषक, आर्मेडो और लड़के की वाक्पटुता चलती है। विदूषक आर्मेडो को L'envoy शब्द पर बेवकूफ बना देता है। इस शब्द का अर्थ है—किसी एक रहस्यपूर्ण पद की पूर्ति के लिए उसीके साथ जोड़ा जानेवाला दूसरा पद जिससे पूरा अर्थ खुलता है। इसके लिए हमने 'सार' शब्द का प्रयोग किया है, उसका कारण है कि साल्व के साथ हमें उसे मिलाना था। प्लैंटन जज एक चौड़े पत्तोंवाला केले जैसा पेड़ होता है। जिसके पत्ते पीसकर घाव पर लगाए जाते हैं। आर्मेडो 'साल्व' के स्थान पर 'सार' कह जाता है। साल्व का अर्थ है कोई मरहम या लेप। इसपर विदूषक उसे बेवकूफ बना देता है और आगे सार और साल्व के अर्थ सोदाहरण समझाता है।

हैं श्रीमान! घाव पर लगाने का पुल्टिस होता है! मुझे तो प्लैंटन का पत्ता चाहिए, ताकि चोट पर बाँध सकूँ।

आर्मेडो : तेरी ये बेवकूफी की बातें तो सच मुझे हँसी दिला रही हैं और तेरे ये बेतुके विचार मेरी तबीयत बिगाड़ रहे हैं। साँस के साथ जैसे ही फेफड़े उठते हैं, बड़ी ज़ोर की अजीब हँसी छूटने को होती है। क्षमा करना मुझे, ओ परमात्मा! क्या बेवकूफ सार की जगह साल्व और साल्व की जगह सार का प्रयोग कर सकता है?

लड़का : क्या बुद्धिमानों का विचार कुछ दूसरा है? क्या सार को साल्व नहीं कहते?

आर्मेडो : नहीं लड़के! किसी रहस्यपूर्ण बात को स्पष्ट करने के लिए जो बाद में कहा जाता है, वह सार कहलाता है; वही सारे रहस्य को प्रकाश में लाता है; जैसे, मैं इसका उदाहरण देता हूँ–

लोमड़, बन्दर, मक्खी दीन,
ऊने[1] थे, क्योंकि थे तीन।

यह तो रहा इसका नैतिक निष्कर्ष। अब इसके साथ सार को देखो।

लड़का : मैं जोड़ूँगा सार शब्द को। कहिए, उस बात को फिर कहिए।

आर्मेडो : *लोमड़, बन्दर, मक्खी दीन*
ऊने थे, क्योंकि थे तीन।

लड़का : *आई बत्तख, खोला द्वार,*
पूरे-पूरे हो गए चार।

अच्छा तो अब मैं आपकी बात को कहता हूँ और आप इसके पीछे सार जोड़ दीजिए।

---

1. कवि ने 'Odds' का प्रयोग किया है, जिसके दो अर्थ होते हैं : (1) ऊने, यानी दो से विभाजित न होने वाली संख्या; (2) मुश्किल में पड़ता है। ये ही पंक्तियाँ जब बाद में लड़का कहता है तो उसका दूसरा अर्थ लगता है।

लोमड़, बन्दर, मक्खी दीन,
थे मुश्किल में, क्योंकि थे तीन।

आर्मेडो : *आई बत्तख, खोला द्वार,*
मुश्किल मिटी न, हो गए चार।

लड़का : वह अच्छा सार है, बत्तख पर आकर खत्म होता है। क्या आप इससे अधिक के लिए इच्छुक हैं?

विदूषक : लड़के ने बड़ा बुरा सौदा बेचा, एक बत्तख, जो बेकार है? श्रीमान! आपका सौदा अच्छा है और आपका बत्तख मोटा है। किसी बुरी चीज़ को अच्छी तरह बेच देना भी चालाकी का काम है। लाइए दिखाइए, मुझे उस मोटे सार को, अरे नहीं, मतलब उस मोटे बत्तख को।

आर्मेडो : इधर आओ, अब बोलो। यह बहस किस तरह शुरू हुई थी?

लड़का : यह कहने के साथ कि कौस्टर्ड के पैर की हड्डी टूट गई है, तब आपने सार के लिए कहा था।

विदूषक : हाँ, ठीक है, तब मैंने प्लैंटन के लिए कहा था। इस तरह बात चली थी, फिर लड़के का मोटा सार यानी उस बत्तख के बारे में बातें चलीं जो आपने खरीदा है, और इस तरह बात खत्म हो गई।

आर्मेडो : लेकिन यह बताओ मुझे कि कौस्टर्ड के पैर की हड्डी कैसे टूट गई?

लड़का : मैं पूरी अनुभूति के साथ आपसे कहूँगा।

विदूषक : मौथ! तुम्हें इसकी कोई अनुभूति नहीं है। मैं उस सार को बोलूँगा। मैं भीतर पूर्णतया सुरक्षित था कि बाहर भागा और ड्योढ़ी पर गिर पड़ा और मेरे पैर की हड्डी टूट गई।

आर्मेडो : अच्छा, अब इस बारे में हम आगे बात नहीं बढ़ाएँगे।

विदूषक : जब तक कि पैर की हड्डी में कुछ अधिक चोट न आ जाए!

आर्मेडो : कौस्टर्ड! मैं तुझे मुक्त कर दूँगा।

विदूषक : तो एक फ्रैंसिस नाम की औरत के साथ मेरी शादी करा दीजिए।

मुझे तो इसी में कुछ सार मालूम पड़ता है।

आर्मेडो : मैं अपनी सच्ची आत्मा से कह रहा हूँ कि मैं तुझे छोड़ना चाहता हूँ। चाहता हूँ कि तू मुक्त हो जाए। तू अभी तक बन्धन में पड़ा रहा, तुझे अन्दर बन्द कर दिया गया। किसी तरह की आज़ादी तुझे नहीं मिली।

विदूषक : सच, सच, अब आप ही मेरी पीड़ा को दूर करेंगे और मुझे मुक्त कर देंगे।

आर्मेडो : मैं तुझे मुक्त करता हूँ। अब मेरे ऊपर किसी प्रकार का बन्धन नहीं है। इसके बदले में, मैं तुझपर केवल इतना काम डालता हूँ, कि इस पत्र को *(पत्र देता है)* उस ग्रामीण स्त्री जैक्वेनिटा के पास ले जा। इसके लिए तुझे अपना पारिश्रमिक मिलेगा, क्योंकि मैं हमेशा अपने अधीनों को इसी तरह दिया करता हूँ। मौथ आओ।

(प्रस्थान)

लड़का : एक अनुचर की तरह। मैं भी चला। अच्छा कौस्टर्ड! मेरी विदा।

विदूषक : मेरे अच्छे यहूदी! कंजूस! वाह, मेरे भले आदमी!

(लड़के का प्रस्थान)

अब मैं उसके पारिश्रमिक के बारे में सोचूँगा। पारिश्रमिक! ओ! तीन फार्दिंग[1] के लिए लैटिन भाषा में यही शब्द तो प्रयुक्त किया जाता है। पारिश्रमिक! बस! क्या दे गया है वह मुझे! केवल एक शब्द पारिश्रमिक! हाथ में तो कुछ आया नहीं! क्या मिला है! एक शब्द! इस शब्द को ओढ़ूँ कि बिछाऊँ! इस लिनन के फीते की क्या कीमत है? एक पैंस! नहीं। मैं तुम्हें तीन फार्दिंग दूँगा। क्यों? क्योंकि यही पारिश्रमिक है। क्यों? क्योंकि फ्रैंच क्राउन की अपेक्षा यह अधिक अच्छा नाम है। मैं इस शब्द से खरीद और फरोख्त कभी नहीं कर सकता।

---

1. Remuneration : पारिश्रमिक। लैटिन भाषा में इस शब्द का अर्थ तीन फार्दिंग है। फार्दिंग एक सिक्का होता है।

(बैरोने का प्रवेश)

बैरोने : ओ धूर्त कौस्टर्ड! खूब मिले।

विदूषक : कृपा करके बताइए श्रीमान, कि इस पारिश्रमिक में एक आदमी कितनी लाल रिबन खरीद सकता है?

बैरोने : यह पारिश्रमिक क्या है?

विदूषक : श्रीमान! तीन फार्दिंग समझिए।

बैरोने : अरे तब तो तीन फार्दिंग का रेशम मिलेगा।

विदूषक : मैं आपको धन्यवाद देता हूँ श्रीमान। परमात्मा आपकी रक्षा करे!

बैरोने : ठहरो धूर्त गुलाम! मैं तुमसे एक काम लेना चाहता हूँ। तुम इस काम के करने से मेरे कृपा-पात्र बन जाओगे। जैसा मैं कहूँ, वैसा एक काम मेरे लिए कर दो।

विदूषक : कब कराना चाहेंगे आप उस काम को?

बैरोने : इसी दोपहर के बाद।

विदूषक : अच्छा, मैं कर दूँगा श्रीमान! विदा।

बैरोने : अरे, वाह! तुम्हें कुछ पता तो है नहीं कि वह काम क्या है?

विदूषक : जब मैं उसे कर चुकूँगा तब जान लूँगा उसे श्रीमान!

बैरोने : नहीं बदमाश! तुम्हें पहले ही पता होना चाहिए उसका।

विदूषक : अच्छा, तो कल सुबह मैं आपकी सेवा में उपस्थित होऊँगा।

बैरोने : आज दोपहर के बाद ही वह काम होना चाहिए। सुनो। काम यह है सिर्फ। राजकुमारी बाग में शिकार के लिए आई हुई है। उसके साथ एक सुशील स्त्री है। जब मुखों से मधुर स्वर निकलते हैं तो वे उसी का नाम लेते हैं। रोज़ालिन कहकर वे उसको पुकारते हैं। उससे मिलकर उसके श्वेत हाथ में ले जाकर तुम इस गुप्त पत्र को दे देना। यह तुम्हारा पुरस्कार है। जाओ।

(उसे एक शिलिंग देता है)

विदूषक : पुरस्कार! ओ अच्छा पुरस्कार, पारिश्रमिक से अच्छा! ग्यारह पैसे उससे अच्छे हैं। अहा, प्रिय पुरस्कार! अवश्य श्रीमान मैं इसे अवश्य

करूँगा। पुरस्कार, पारिश्रमिक!

(प्रस्थान)

बैरोने : ओ, क्या मैं सचमुच प्रेम करता हूँ? क्या मैं, जो प्रेम का तिरस्कार किया करता था, इसके वश में हो गया हूँ? मैं तो प्रेम में भरी हुई आहों को कोड़ा लगाकर दूर भगानेवाला था, इस सारे व्यापार का कटु आलोचक था, इस प्रेम के ऊपर पहरेदार था और उस लड़के के सामने अपने पाखण्डी ज्ञान को प्रदर्शित करता था। स्थूल, नश्वर, वस्तुओं की ओर मेरा आकर्षण नहीं था। यह आधा अन्धा, आवारा, व्यर्थ पुकारनेवाला, सिर पर हुड लगानेवाला लड़का, बौना कामदेव! कैसा सशक्त है यह प्रेम-गीतों का देवता, बँधे-मुड़े हुए हाथों का स्वामी! दुःख-भरी पुकारों का अधिपति, विक्षिप्तों और अभावग्रस्त भटकनेवालों का अधिकारी, वह कामदेव ही पेटीकोट के खुले हुए हिस्से का भयानक राजा है, मौज़ों के खुले हुए भागों का सम्राट् है। तीव्र गति से भागनेवाले, नैतिकता के विरुद्ध अपराध करनेवालों को दण्ड देनेवाले, धार्मिक अधिकारियों का वही एकमात्र शासक और नियन्ता है। ओ मेरे हृदय! क्या मैं भी उस कामदेव के युद्धक्षेत्र का एक अधिकारी हूँ, सैनिक हूँ! क्या अब मैं भी तट की तरह रस्सी पर नाचते हुए उसकी तरह ही रंगीन फीते बाँधने लगूँ? क्या मैं प्रेम करता हूँ? क्या मैं एक पत्नी की खोज में अब पीछे-पीछे फिर रहा हूँ? क्या मैं एक जर्मन घण्टा-घड़ी के पीछे हूँ, जिसकी हर क्षण मरम्मत की ज़रूरत रहती है, क्योंकि वह सदैव चौखटे से बाहर निकली रहती है! या बिना देखभाल और मरम्मत के कभी ठीक न चलनेवाली हाथघड़ी जैसी स्त्री के लिए घूम रहा हूँ? प्रतिज्ञा भंग भी कितनी बुरी बात है! और वह भी ऐसी स्त्रिी के लिए जो आवारा-सी हो, जिसकी भौंहें मखमली हों! वह काली गेंदों की-सी आँखोंवाली सफेद औरत तो ऐसी ही है जो किसी की देखभाल में अपना काम कर गुज़रेगी। उफ! क्या करूँ! चलूं! मैं उसके लिए

ही आहें भरने, उसकी प्रतीक्षा करने, उसके भगवान से प्रार्थना करने जाता हूँ। अगर मैं लापरवाही करूँगा तो फिर कामदेव अपनी भयानक शक्ति से अपनी दारुण व्यथा पैदा कर देगा। अच्छा तो मैं अवश्य प्रेम करूँगा, लिखूँगा, आहें भरूँगा, वेदना-भरी पुकार मेरे हृदय से उठेगी, किसी न किसी से तो मनुष्य प्रेम करता ही है।

(प्रस्थान)

चौथा अंक

दृश्य 1

(राजकुमारी, एक वनवासी तथा राजकुमारी की सहेलियों और सरदारों का प्रवेश)

राजकुमारी : क्या वे ही सम्राट् थे जो उस पहाड़ी के सीधे चढ़ाव पर अपने घोड़े को बुरी तरह मार रहे थे?

बौएट : मैं तो जानता नहीं, लेकिन मेरे विचार से वे नहीं थे।

राजकुमारी : कोई भी हों, लेकिन उनकी चढ़ने की प्रवृत्ति है। सरदारो! आज हम यहाँ अपना काम कर लेंगे और शनिवार को फ्रांस को वापस लौट जाएँगे। अच्छा, तो मेरे मित्र वनवासी! वह झाड़ी कहाँ है जहाँ खड़े होकर हम हत्यारा बन सकती हैं।

वनवासी : पास ही उस वन-भूमि के किनारे है, जहाँ खड़ी होकर आप सबसे सुन्दर निशाना लगा सकेंगी।

राजकुमारी : मैं अपनी सुन्दरता को धन्यवाद देती हूँ। मैं तो निशाना लगाती हूँ, स्वयं तुम सबसे सुन्दर निशाना मुझे ही बनाने की बात कहते हो।

वनवासी : श्रीमती! मुझे क्षमा करिए, मेरा मतलब वह नहीं था।

राजकुमारी : क्या, क्या, क्या? पहले मेरी प्रशंसा करके फिर उससे इनकार

करते हो?

ओ अल्प-जीवी गर्व! क्या मैं सुन्दर नहीं हूँ? हाय! कैसे दुःख की बात है!

वनवासी : श्रीमती! आप सुन्दर हैं, मैं स्वीकार करता हूँ।

राजकुमारी : नहीं, अब इस तरह झूठी बातें बनाकर मुझे मत बहकाओ। जहाँ सुन्दरता है ही नहीं, वहाँ प्रशंसा कभी भी उसको नहीं ला सकती। मेरे अच्छे दर्पण को पकड़ो। यही सारी सचाई को प्रकट करेगा। बुरी बातों के बदले में यदि अच्छी और सुन्दर बात वापस की जाए, तो यह उचित से भी अधिक होगा।

वनवासी : आप पूर्णरूपेण सुन्दरी हैं।

राजकुमारी : अच्छा देखना, अपने गुण से ही मैं अपनी सुन्दरता को बचाऊँगी। सुन्दरता के विरुद्ध इस तरह का विचार ठीक है इन दिनों के लिए। जो हाथ देनेवाला है चाहे वह बुरा क्यों न हो फिर भी उसकी प्रशंसा होगी। लेकिन चलो अब। मेरा धनुष दो! अब दया वध करने के लिए जाती है, लेकिन अच्छी तरह निशाना लगाकर वध कर देना बुरा समझा जाता है। इस तरह मैं अपने सम्मान की रक्षा करूँगी, इस शिकार में किसी को आघात नहीं पहुँचाऊँगी, क्योंकि मेरी करुणा ऐसा मुझे करने नहीं देगी। यदि मैंने आघात पहुँचा भी दिया, तो यह तो केवल अपने कौशल का प्रदर्शन करने के लिए होगा। इसका उद्देश्य वध करना नहीं, बल्कि प्रशंसा प्राप्त करना होगा। और इसीलिए यह कभी-कभी तो निर्विवाद सत्य मालूम होता है कि जब हम केवल प्रशंसा और यश के लिए अपना हृदय घृणित अपराधों के प्रति लगा देते हैं, तो हमारा यश या गौरव इनका अपराधी हो जाता है। जैसे–जिस हरिण को हानि पहुँचाने की मेरे हृदय में तनिक भी इच्छा नहीं, उसका रक्त मैं केवल अपनी प्रशंसा करवाने के लिए बहाऊँगी।

बौएट : क्या वे कठोर स्वभाववाली स्त्रियाँ इसी प्रशंसा के लिए अपने पतियों पर शासन नहीं करती हैं?

राजकुमारी : केवल प्रशंसा के लिए। ऐसी स्त्री, जो अपने स्वामी पर केवल प्रशंसा के लिए शासन कर सकती है, उसकी तो हम प्रशंसा करेंगी।

(विदूषक का प्रवेश)

बौएट : यह आया उस समूह का एक सदस्य।

विदूषक : भगवान तुम सबको दफन करे। इन सब महिलाओं की सिरमौर कौन हैं?

राजकुमारी : इसका तो पता तुम्हें दूसरों को देखकर लग जाएगा जिनके सिर नहीं हैं।

विदूषक : सबसे बड़ी और ऊँची श्रीमती कौन-सी हैं?

राजकुमारी : सबसे बड़ी, मोटी और सबसे ऊँची?

विदूषक : हाँ सबसे मोटी सबसे ऊँची! यही सही। सत्य तो सत्य है। श्रीमती! यदि आपकी कमर इतनी पतली होती जितनी मेरी बुद्धि है, तो इन महिलाओं में से किसी का भी कमरबन्द आपके ठीक आ जाता। क्या आप ही इनकी स्वामिनी नहीं हैं? क्या आप यहाँ सबसे अधिक मोटी नहीं हैं?

राजकुमारी : आप चाहते क्या हैं, श्रीमान! क्या काम है आपका?

विदूषक : श्रीमान बैरोने का किसी श्रीमती रोज़ालिन के नाम पत्र लाया हूँ मैं।

राजकुमारी : ओ तुम्हारा पत्र है! तुम्हारे लिए पत्र है। मेरा बड़ा अच्छा मित्र है वह तो। मेरे अच्छे मित्र! इधर बगल में आकर खड़े हो जाओ। बौएट! आप इस पत्र को खोलिए तो। सील तो तोड़िए!

बौएट : जो आज्ञा, पर यह पत्र तो गलत जगह आ गया। यहाँ किसी के नाम नहीं है यह। यह तो जैक्वेनिटा के लिए लिखा गया है।

राजकुमारी : सच, हम इस पत्र को पढ़ेंगी। खोलिए इसको, हाँ सभी सुनो।

बौएट : *(पढ़ता है)* "भगवान की सौगन्ध, यह तो एक अकाट्य सत्य है कि तुम सुन्दरी हो। यह भी सत्य है कि तुम्हारा रूप मनोरम

है और यह भी सत्य है कि तुम अपने लुभावने रूप के कारण आकर्षक हो। सुन्दर से भी अधिक सुन्दर, मनोरम से भी अधिक मनोरम, सत्य से भी अधिक सच्ची बात है यह। अपने इस वीर सेवक पर कृपा करो। उस गौरवशाली और प्रसिद्ध सम्राट् कौफेचुआ की आँखें उस घृणित और दीन भिखारिन ज़ैनेलोफोन के ऊपर लग गई थीं और वही था जो ठीक यह कहता—वेनी, वीडी, वीसी,[1] जिनको यदि आम बोलचाल की भाषा में परिवर्तित करके देखा जाए तो—ओह! यह आम बोली भी कितनी बुरी और न समझ में आनेवाली है! खैर, मैं समझता हूँ। सुनो! वीडेलिसेट : वह आया, उसने देखा और उसने जीत लिया। पहली बात तो वह आया; दूसरी, उसने देखा; तीसरी, उसने जीत लिया। कौन आया!—सम्राट्। क्यों आया वह?—देखने के लिए। क्यों देखा उसने?—जीतने के लिए। किसके पास आया था वह?—भिखारिन के पास। क्या देखा था उसने?—भिखारिन को। किसको सम्राट् ने जीत लिया? भिखारिन को। इसका निष्कर्ष विजय निकला। किसकी विजय?—सम्राट् की। बन्दिनी-धनी-मानी हो गई। कौन?—भिखारिन। अन्त हुआ इसका शादी में। किसके लिए?—सम्राट् के लिए। नहीं, एक में दोनों के लिए या दोनों में एक के लिए। अच्छा तो तुलना इस प्रकार चलती है कि मैं सम्राट् हूँ और तुम एक भिखारिन हो। तुम्हारी निम्न स्थिति साक्षी है। क्या मैं तुम्हारे प्रेम का अधिकारी हो सकता हूँ?—अवश्य। क्या मैं तुम्हारे प्रेम के लिए तुमसे आग्रह कर सकता हूँ?—अवश्य। क्या मैं तुम्हारे प्रेम के लिए तुमसे प्रार्थना कर सकता हूँ?—अवश्य करूँगा मैं। क्या तुम अपने फटे-पुराने चीथड़ों को बहुमूल्य वस्त्रों से बदलना चाहोगी और अपनी निम्न स्थिति के बदले उच्च सम्मान प्राप्त करना चाहोगी! क्या तुम अपने लिए मुझे प्राप्त करना चाहोगी? तुम्हारे उत्तर की प्रतीक्षा करता

1. Veni, Vidi, Vici : तीनों लैटिन भाषा के शब्द।

हुआ मैं तुम्हारे पैरों को अपने होंठों से चूम रहा हूँ। तुम्हारी तस्वीर की तरफ मेरी आँखें लगी हुई हैं और तुम्हारे प्रत्येक भाग पर मेरा हृदय बसा हुआ है।

तुम्हारा सबसे प्यारा–

डॉन ऐड्रियानो डि आर्मेडो।"

सुनिए! इस तरह दहाड़ते हुए आपने उस भयानक नेमीन नामक सिंह को सुना है, जिसका वध देव जुपिटर ने किया था। और आपके सामने वह मेमनी जैक्वेनिटा है जो उसका शिकार बनी खड़ी हुई है! वह सिंह आर्मेडो बड़ा सकुचाते हुए आगे बढ़ रहा है और अपने खाने के लिए वह यह सब कुछ खेल खेलेगा! दीनात्मा जैक्वेनिटा! अगर तुम प्रयत्न भी करो तो भी, तुम क्या हो आखिर? उसके क्रोधावेश का भोजन! और उसकी माँद में खाने और उपभोग करने की सामग्री।

राजकुमारी : यह कौन मज़ेदार आदमी है, जिसने इस पत्र को लिखा है? कौन-सी यह दिशा बतानेवाला बनावटी मुर्गे जैसा प्राणी है? क्या आपने कभी इससे अच्छा पत्र सुना?

बौएट : हाँ, शैली तो मुझे इसकी याद है, बाकी तो मैं बड़े धोखे में पड़ गया हूँ।

राजकुमारी : अगर और जगह इसको आपने पढ़ा है, फिर तो आपकी स्मृति अच्छी नहीं है।

बौएट : यह आर्मेडो तो एक स्पेन-निवासी है जो राजदरबार में रहता है, बिलकुल अजीब आदमी है। पूरा उस सनकी मोनार्को जैसा लगता है जो रानी एलिज़ाबेथ के दरबार में रहता था। यहाँ सम्राट् और उनके साथियों का मनोरंजन करने के लिए रहता है।

राजकुमारी : हाँ, तुम बोलो! यह पत्र किसने दिया था तुमको?

विदूषक : मैंने आपसे कहा था, स्वामी ने।

राजकुमारी : किसको दिए जाने के लिए था यह?

विदूषक : मेरे स्वामी के यहाँ से मेरी स्वामिनी के लिए दिए जाने को था।

राजकुमारी : किस स्वामी के यहाँ से और किस स्वामिनी को?

विदूषक : मेरे स्वामी बैरोने का यह पत्र फ्रांस की एक श्रीमती रोज़ालिन को दिए जाने को था।

राजकुमारी : तुम भूल से दूसरे पत्र को यहाँ ले आए हो। आओ सरदारो! चलें यहाँ से। प्रिय सखी! इसको रख लो। किसी और दिन यह तुम्हारे लिए मतलब का सिद्ध होगा।

(राजकुमारी का प्रस्थान)

बौएट : निशाना लगानेवाली कौन है? कौन है बताओ?

रोज़ालिन : क्या मैं बताऊँ तुम्हें इसे?

बौएट : अहा! मेरी सुन्दरता की देवी!

रोज़ालिन : वह जिसके हाथ में धनुष है? क्या अच्छा काटा!

बौएट : श्रीमती हरिण मारने जा रही हैं, लेकिन मुझे फाँसी पर लटका देना, अगर जिस साल तुम शादी करो उसी साल यह न हो कि कोई आदमी एक व्यभिचारिणी स्त्री का पति बन जाए। क्या अच्छा उत्तर है!

रोज़ालिन : अच्छा तो फिर निशाना लगानेवाली हूँ।

बौएट : तुम्हारा हरिण कौन है?

रोज़ालिन : अगर सींगों[1] के द्वारा ही हम देखें तो तुम हमारे पास न आना। अच्छा उत्तर रहा न?

मेरिया : बौएट! तुम अभी तक उससे झगड़ रहे हो, जबकि वह तुम्हारे सिर का निशाना लगाकर तुम्हें मारती जाती है।

बौएट : लेकिन वह स्वयं नीचे चोट खा रही है। क्या मैंने अब निशाना लगा दिया?

---

1. Horns : यह शब्द व्यभिचारिणी पत्नी के पति के लिए भी प्रयुक्त होता है। इसका दूसरा अर्थ हरिण भी है। सींग भी इसका अर्थ है। सींग उस अभागे की ओर संकेत करते हैं क्योंकि उसी के सिर पर ये सींग बाँधे जाते थे।

रोज़ालिन : क्या मैं एक पुरानी कहावत सुनाती तुमपर छा जाऊँ कि जब फ्रांस का बादशाह पेपिन एक छोटा-सा बच्चा था, वह एक पूरा आदमी भी था? चोट[1] अब बेकार गई न?

बौएट : इसी तरह इतनी ही पुरानी कहावत से मैं तुम्हें उत्तर देता हूँ कि जब ब्रिटेन की रानी गिनीवर एक छोटी बच्ची थी, वह एक पूरी स्त्री थी। चोट कम तो नहीं हुई?

रोज़ालिन : तुम उस बात को नहीं गिरा सकते, नहीं गिरा सकते। भले आदमी तुम इसको गिरा नहीं सकते।

बौएट : मैं नहीं कर सकता, मैं नहीं कर सकता, नहीं कर सकता, दूसरा कर सकता है।

(रोज़ालिन और कैथराइन का प्रस्थान)

विदूषक : अरे वाह! सच कितना अच्छा रहा! दोनों ने खूब बात पर बात बिठाई!

मेरिया : निशान पर गज़ब का निशाना लगा, क्योंकि इन दोनों ने ही उसे लगाया था।

बौएट : निशान, ओ, सिर्फ उस निशान को देखो।[2] श्रीमती निशान की बात कह रही हैं और निशाना कह रहा है कि श्रीमती, अगर हो सके तो इस निशान के बीच एक काँटा गड़वा दो जिसपर निशाना लगाया जा सके।

मेरिया : सच तुम्हारा हाथ बाईं तरफ को बहुत निकला हुआ है।

विदूषक : निस्सन्देह उनको नज़दीक ही निशाना लगाना चाहिए। नहीं तो वे कभी भी उस कपड़े के टुकड़े पर निशाना नहीं लगा पाएँगे।

---

1. Hit it : एक संगीत की धुन। दूसरा अर्थ है—मारना, टक्कर देकर गिराना। इस शब्द पर पन का प्रयोग हुआ है। हमने इस शब्द के लिए चोट शब्द का प्रयोग किया है।
2. Mark : इस शब्द पर पन का प्रयोग किया गया है। निशान और देखना इस शब्द के दो अर्थ हैं। इसी प्रकार यह दृश्य ही इसी वाक्पटुता के प्रदर्शन के निमित्त रखा गया है।

बौएट : अगर मेरा हाथ बाहर है तो फिर तुम्हारा हाथ अन्दर होगा।

विदूषक : तो फिर वह निशान के बीच खूँटी गाड़कर क्या निशाना पा सकेगी!

मेरिया : चलो, चलो, तुम तो गन्दी बातें करते हो। तुम्हारे होंठ इनसे गन्दे हो रहे हैं।

विदूषक : श्रीमान! ऐसी चुभीली मारों के लिए तो वह आपसे कहीं अधिक तेज़ और कठोर है। आप तो गेंद के खेल से उसको चुनौती दीजिए।

बौएट : मैं बहुत ज़्यादा रगड़न[1] पसन्द नहीं करता। अच्छा, मेरे अच्छे उल्लू विदा।

(बौएट तथा मेरिया का प्रस्थान)

विदूषक : सच, बड़ा ही गँवार, सीधा और मूर्ख था। ओ भगवान, मैंने और सभी स्त्रियों ने मिलकर उसको कैसे नीचा दिखाया। बड़े अच्छे मज़ाक चले थे, बहुत ही सुन्दर वाक्चातुर्य। जब यह इसी तरह आसानी से चलकर खत्म हो जाए और इतना ही भद्दापन इसमें आए जितना था, तभी तक अच्छा रहता है। और दूसरी तरफ आर्मेडो, एक तरफ, ओ! क्या ही मज़ेदार आदमी है! उसको किसी स्त्री के सामने आते देखना, उसका पंखा पकड़कर चलते और अपना हाथ चूमते हुए देखना कितना मज़ेदार लगेगा! कैसी मधुरता के साथ वह प्रतिज्ञा ग्रहण करेगा और उसका अनुचर दूसरी तरफ जमा रहेगा! वही जो थोड़ी सी वाक्चातुरी रखता है! आह भगवान! यह तो ही सबसे अधिक करुणापूर्ण सम्बन्ध है। सोला, सोला![2] शिकार तो हो चुका।

(प्रस्थान। भीतर शोरगुल)

---

1. Rubbing : इस शब्द पर पन का प्रयोग है। मज़ाक और गेंद के खेल के मैदान की ऊबड़-खाबड़ ज़मीन—ये इसके दो अर्थ हैं। चूँकि Bowls की बात छिड़ गई थी, उसी सिलसिले में यह शब्द आया है। हमने भावार्थ की ओर ही विशेष ध्यान रखते हुए संवादों को रखा है।
2. Sola Sola : शिकार करते समय जो शृंगी बजाई जाती है, उसकी आवाज़ की नकल विदूषक करता है।

दृश्य 2

(डल, ढोंगी ज्ञानी होलोफर्नीज़ तथा कयूरेट नैथेनियल का प्रवेश)

नैथेनियल : बड़ा अच्छा खेल रहा। सत्य और सद्भावना से प्रेरित होकर खेला गया।

होलोफर्नीज़ : जैसा आप जानते हैं, वह हरिण पूरी तरह स्वस्थ और एक सेब की तरह पका हुआ था, जो अब नभ यानी आकाश, अन्तरिक्ष यानी स्वर्गलोक के कान में एक रत्न की तरह लटकता है और एक सेब की तरह ही पृथ्वी, धरती, भूमि या वसुन्धरा पर एक क्षण-भर में गिरता है।

नैथेनियल : सच, श्रीमान होलोफर्नीज़! कम से कम एक विद्वान् की तरह आपने अलग-अलग विशेषणों का प्रयोग तो बड़ा मज़ेदार किया है; लेकिन श्रीमान, मैं आपको विश्वास दिलाता हूँ कि यह तो एक हरिण का बच्चा था जो पाँचवें साल में चल रहा था।

होलोफर्नीज़ : श्रीमान नैथेनियल, मुझे विश्वास नहीं होता।

सिपाही : वह विश्वनाथ नहीं था श्रीमान! वह तो दो साल का हरिण का बच्चा था।

होलोफर्नीज़ : बड़ी ही मूर्खतापूर्ण बात है। यह एक तरह से दो दोषारोपण करता है, मानो यह दुरूह की व्याख्या का प्रयत्न है। यह उत्तर ही बड़ा अनर्गल है कि मैं कुछ कहूँ और उसका अर्थ ही परिवर्तित करके लिया जा रहा है। अपढ़, अशिक्षित, अज्ञानी, अबोध, असंस्कृत, असभ्य और बेतुकी है यह धारणा! विश्वास के स्थान पर हरिण का प्रयोग कितना उपहासास्पद है।

सिपाही : मैंने तो कहा था कि हरिण, पूरे सींगोंवाला पंचवर्षीय मृग नहीं था, बल्कि यह तो द्विवर्षीय हरिण का बच्चा था।

होलोफर्नीज़ : बहुत सीधापन यानी भोलापन[1] है यह तो! ओ धूर्त अज्ञान! कैसा बुरा लगता है तू।

नैथेनियल : श्रीमान! किसी पुस्तक में जो आनन्द छिपा रहता है उसका उपभोग इसने कभी नहीं किया है। इसने न तो कागज़ खाया है और न स्याही पी है। इसकी बुद्धि बिलकुल खोखली है; यह तो एक जानवर है, मोटी बातें समझता है सिर्फ। ऐसे बेवकूफ भी हमारे सामने लाए जाते हैं कि इसके लिए हमें कृतज्ञ होना चाहिए। भावना और रस से पूर्ण हम जैसे व्यक्ति तो बुद्धिमत्ता की बातों में अपना चित्त लगाने के लिए हैं। क्योंकि जैसे मेरा बेवकूफ या नासमझ हो जाना असम्भव है, इसी प्रकार इसको भी किसी स्कूल में देखना वैसा ही असम्भव है जैसे कोई निरा मूर्ख विद्वान बनने पर तुल बैठे। लेकिन पुराने पादरी का दिमाग है मेरा, इसीलिए कहता हूँ कि चलो, सब ठीक है। बहुत-से आदमी जो हवा को नहीं चाहते, मौसम को बर्दाश्त कर ही लेते हैं।

सिपाही : आप दोनों तो पूरे विद्वान हैं। क्या आप अपनी बुद्धि से मुझे यह बता सकते हैं कि केन के जन्म पर कौन सिर्फ एक महीने का था जो अभी तक पाँच हफ्ते की उम्र भी नहीं पा सका है!

होलोफर्नीज़ : इन्दु, मेरे अच्छे डल! इन्दु, मेरे दोस्त डल!

सिपाही : इन्दु क्या होता है?

नैथेनियल : चन्द्रमा या शशि को ही इन्दु कहते हैं।

होलोफर्नीज़ : जब आदम इस दुनिया में नहीं था, उस समय चन्द्रमा एक

---

1. ज्ञानी इस दृश्य में अपनी लैटिन भाषा की जानकारी को भी व्यक्त कर रहा है इसीलिए पहले अंग्रेज़ी में एक बात कहकर उसी को लैटिन में कहता है, पहले भी आकाश, नभ आदि पर्यायों के साथ यही था जो सीधापन के साथ है। Twice boiled simplicity कहकर उसने his coctus का प्रयोग किया है, दोनों का अर्थ एक है।

महीने का था और जब आदम सौ साल का हो गया तो चन्द्रमा पाँच हफ्ते का भी नहीं हुआ। प्रसंग के बदले में यह प्रसंग बैठ गया।

सिपाही : निस्सन्देह ठीक है, बदले में यह षड्यन्त्र[1] बैठ गया।

होलोफर्नीज़ : भगवान तुम्हें बुद्धि दे! मैं कह रहा हूँ, प्रसंग बैठ गया न कि षड्यन्त्र।

सिपाही : मैं कहता हूँ, बदले में कुरंग[2] बैठ गया, क्योंकि चन्द्रमा कभी एक महीने का नहीं होता और इसके अलावा मैं कहता हूँ कि राजकुमारी ने जिसका शिकार किया था वह दो वर्ष का मृग का बच्चा था।

होलोफर्नीज़ : श्रीमान नैथेनियल! क्या आप हरिण की मृत्यु पर लिखी आशु कविता को सुनेंगे? इस बेवकूफ की बात को मान भी लें कि राजकुमारी ने एक दो वर्ष के मृग के बच्चे को मारा था, जिसे मैं तो पूरा हरिण ही कहता हूँ।

नैथेनियल : अच्छा, मित्र होलोफर्नीज़! आगे बढ़िए। कृपा करके इस नीचे दर्जे के मज़ाक को खत्म करिए।

होलोफर्नीज़ : मैं अब अनुप्रास अलंकार का प्रयोग करूँगा, इससे बड़ी आसानी रहती है :

क्रीड़ारत थी राजकुमारी, मारा त्वरित हरिण को रह-रह
था वह शावक, घाव कर दिया, शर से धावित कातर
दुस्सह, भूँके कुत्ते, घाव बढ़ाते, शावक भागा आतुर
जन चिल्लाते, कोलाहल कर शावक हुआ भयातुर
जैसे हरि हरि को हरि हरि का उच्चारण करवाता
हरि का हरि पर क्रन्दन करवा हरि को है पिघलाता,

---

1. Collusion } ये शब्द allusion के साथ ध्वनि मिलाकर चले हैं।
2. Pollusion } सिपाही यहाँ होलोफर्नीज़ के साथ मज़ाक करता है।

शब्द के अलग-अलग अर्थ हैं इसलिए हिन्दी में उसी तरह की ध्वनिवाले शब्द मिलना कठिन है, फिर भी हमने षड्यन्त्र और कुरंग शब्दों के प्रयोग से ध्वनि के साम्य को निभाया है।

यों यदि शावक धावन में वह घाव एक होता है
किन्तु शून्य से मूल्य बढ़ाकर दस गुणा-सा होता है
एक और मैं शून्य लगाकर शत उसको कर सकता।
शत शत का यह मूल्य शून्य में ही है बढ़कर मिलता।

नैथेनियल : असाधारण प्रतिभा है।

सिपाही : अगर प्रतिभा एक पंजा है तो देखिए, किस तरह प्रतिभा से ये इनकी खुशामद[1] कर रहे हैं।

होलोफर्नीज़ : यह देन तो साधारणतया मुझमें ही है। सीधी और बहुत-सी बेकार की चीज़ें रखने की मूर्ख प्रवृत्ति, अनेक रूपों, वस्तुओं, विचारों, कार्यक्रमों तथा अनेक गतिविधियों आदि की विचित्रता, ये सभी चीज़ें स्मृति से पैदा होती हैं। मस्तिष्क में इनका पोषण होता है और अवसर के पड़ने पर इनको बाहर निकाला जाता है। लेकिन यह देन उन्हीं के लिए अच्छी है, जिनके अन्दर यह पूरी तीव्रता लिए हुए है और इसके लिए मैं कृतज्ञ हूँ।

नैथेनियल : श्रीमान! मैं आपके कारण परमात्मा की प्रशंसा करता हूँ और यही दूसरे नागरिक करेंगे। क्योंकि आप उनके बच्चों को अच्छी तरह पढ़ाते हैं और उनकी पुत्रियाँ आपके नीचे बहुत लाभ उठाती हैं। आप तो ईसाई धर्म के अच्छे सदस्य हैं।

होलोफर्नीज़ : अगर उनके लड़के बुद्धिमान हैं, तो उन्हें किसी प्रकार के अध्ययन की कमी नहीं रहेगी; अगर उनकी पुत्रियाँ इस योग्य हुईं तो मैं इनको पढ़ाऊँगा। लेकिन जो कम बोलता है वह बुद्धिमान है। कोई स्त्री हमें अभिवादन कर रही है।

(जैक्वेनिटा तथा विदूषक का प्रवेश)

जैक्वेनिटा : भगवान तुम्हें सुखी रखे श्रीमान पादरी।

---

1. Talent, Claw : पहले शब्द का अर्थ है प्रतिभा, गुण; लेकिन talon के ऊपर पन का प्रयोग किया गया है। जिसका अर्थ claw यानी पंजा है। फिर claw के भी दो अर्थ हैं—पंजा और खुशामद करना। इस कारण यहाँ भी पन है।

होलोफर्नीज़ : कहो जी! क्या परेशानी है।

विदूषक : श्रीमान! अब मैं क्या कहूँ।

होलोफर्नीज़ : चतुर व्यक्ति लगता है।

जैक्वेनिटा : अच्छे पादरी! कृपा करके मुझे इस पत्र को पढ़कर सुना दें। कौस्टर्ड ने मुझे लाकर इसे दिया है। डॉन आर्मेडो ने भेजा है इसे। कृपा करके पढ़ दें।

होलोफर्नीज़ : *(पढ़ता है)* ''फॉस्टस! जब तुम्हारी सारी भेड़ों का झुण्ड शीतल छाया के नीचे बैठा हुआ चर रहा हो''[1]—बस इसी तरह है आगे। अरे यह तो लैटिन का पत्र है। इसे यह कैसे समझेगी! ओ लेखक! मैं तेरे बारे में क्या कहूँ! अहा, मेरे अच्छे पुराने मैंट्युअन! जैसे यात्री वेनिस के बारे में कहता है वैसे ही मैं तेरे बारे में कह सकता हूँ कि ''जिसने तुझे नहीं देखा है, वह तेरी सुन्दरता को क्या जान पाएगा।''

पुराना मैंट्युअन! पुराने मैट्युअन। जो तुझे नहीं समझता, तुझसे प्यार भी नहीं कर सकता।

उठ, रे, सोल, ला, मी, फा[2] अरे! यह तो संगीत की ध्वनियाँ हैं। इन्हें मैं क्यों दुहरा रहा हूँ! क्षमा करिए श्रीमान। आप पूछते हैं कि इस पत्र की क्या विषयवस्तु है? जैसे कि होरेस अपनी पुस्तक में कहता है—अरे क्या कविता है! ओ! कितनी अद्भुत!!

नैथेनियल : हाँ और पूरी विद्वत्ता से भरी हुई है।

होलोफर्नीज़ : अच्छा तो मुझे उसकी पंक्तियाँ या एक पद ही सुना दीजिए, लीजिए।

नैथेनियल : *(पढ़ता है)* ''अगर प्रेम से ही मेरी प्रतिज्ञा नष्ट हो जाती है

---

1. ये शब्द मैंटुआ के 'बैप्टिस्टा स्पैग्नोली के ईकलोग्स' से है, जो शेक्सपियर के समय में स्कूलों में टैक्स्ट-बुक की तरह पढ़ाई जाती थी। पत्र अधिकतर लैटिन भाषा में है जिसे स्त्री नहीं समझ पाती है।
2. ut, re, sol, la, mi, fa : एक गाने की सरगम।

तो फिर प्रेम करने की प्रतिज्ञा मैं कैसे कर सकता हूँ? मनुष्य के हृदय में विश्वास तभी स्थिर रह सकता है, जब वह किसी सुन्दरी के प्रति शपथ ले ले। यद्यपि स्वयं के प्रति मैं विश्वासघाती होऊँगा, लेकिन तुम्हारे प्रति मैं पूरा विश्वास और प्रेम रखूँगा। जो विचार तुम्हारे लिए झुके हुए ओसियर पेड़ों की तरह हैं, वे मेरे लिए ओक के पेड़ों की तरह हैं। उनकी पत्तियों को पढ़ लेना। मैंने तो तुम्हारी आँखों को ही अपनी पुस्तक बनाया है, जहाँ वे सभी आनन्द समाहित हैं जो कला दे सकती हैं। यदि ज्ञान प्राप्त करना ही जीवन का उद्देश्य हो, तो केवल तुमको जान लेना ही पर्याप्त है। जो वाणी तुम्हारी प्रशंसा करें, वह पूर्ण विद्वत्ता से भरी हुई हैं। वह व्यक्ति अज्ञानी है जिसके हृदय में तुम्हें देखकर कौतूहल और आश्चर्य की भावनाएँ नहीं उठतीं। मैं तुम्हारे अंगों की प्रशंसा कर रहा हूँ वह मुझे आंशिक प्रशंसा ही लगती है तुम्हारी! तुम्हारी आँखों में तो दिव्य आभा है और तुम्हारी आवाज़ उस दिव्य शक्ति की भयानक गर्जना के समान है। लेकिन जब उसी आवाज़ में क्रोधावेश नहीं रहता तो वह मधुर संगीतमय हो जाती है। तुम तो कोई स्वर्ग की अगर देवी हो। प्रिये! मेरे इस अपराध को क्षमा कर देना कि मैं स्वर्ग की देवी की प्रशंसा अपनी इस स्थूल वाणी से कर रहा हूँ।"

होलोफर्नीज़ : आप इसमें स्वर की छूट को ही नहीं देखते, इसलिए पूरी ध्वनि के साथ पढ़ ही नहीं पाते। लाइए। मुझे पढ़ने दीजिए इसे। इन पंक्तियों की लय तो मिल जाती है, लेकिन इसमें काव्य का आनन्द तो नहीं है। आदमी तो ओविडस नैसो था। ऐसा क्यों था नैसो? क्योंकि वह कल्पना की मधुरता को पहचानता था। ये नए प्रयोग वगैरह कुछ नहीं हैं ऐसे ही तो कुत्ता अपने मालिक से, बन्दर अपने रखवाले से, थका घोड़ा अपने सवार से नए-नए प्रयोग किया करता है। लेकिन सुकुमारी! क्या यह पत्र तुम्हारे लिए लिखा गया है?

जैक्वेनिटा : जी श्रीमान! एक कोई बड़े अजीब लॉर्ड बैरोने हैं, उन्होंने ही लिखा है।

होलोफर्नीज़ : ऊपर पते की जगह जो लिखा है उसे देखता हूँ मैं—"अपूर्व सुन्दरी लेडी रोज़ालिन के बर्फ के समान श्वेत हाथों में समर्पित।" मैं उस व्यक्ति का नाम देखने के लिए जिसने यह पत्र ऊपर लिखित महिला को लिखा है, फिर एक बार पत्र पढ़ना चाहता हूँ।

"तुम्हारा सदा अपना ही,
बैरोने।"

नैथेनियल : श्रीमान होलोफर्नीज़! यह बैरोने तो सम्राट् के साथ ही प्रतिज्ञा करनेवाला एक व्यक्ति है और यहाँ इसने राजकुमारी के साथ रहनेवाली एक स्त्री के लिए पत्र लिखा है। अकस्मात् ही या यों कहें कि ठीक कायदे से चलता हुआ यह पत्र भूल से यहाँ आ पहुँचा है। जाओ मित्र। शीघ्र जाकर यह पत्र सम्राट् के हाथों में दे दो। इसकी बड़ी आवश्यकता हो सकती है। अब मेरे प्रति अपना सम्मान दिखाने के लिए रुककर यहाँ समय नष्ट मत करो। जाओ, मैं तुम्हें अपने काम से छुट्टी देता हूँ। विदा!

जैक्वेनिटा : अच्छे कौस्टर्ड! मेरे साथ चलो। भगवान तुम्हें सुखी रखे।

विदूषक : चलो, तुम्हारे साथ चलता हूँ लड़की!

(विदूषक और जैक्वेनिटा का प्रस्थान)

नैथेनियल : श्रीमान! परमात्मा से डरकर आपने बड़ी धार्मिकता के साथ यह काम किया है और जैसे किसी पादरी ने कहा है...

होलोफर्नीज़ : बस श्रीमान! पादरी की बात मुझसे मत करिए। मैं इन प्रशंसा-सूक्तियों से डरता हूँ। हाँ तो, फिर उस पत्र की कविता की बात छेड़ें, क्यों श्रीमान नैथेनियल! क्या आपको वह पसन्द आई थी?

नैथेनियल : बहुत खूब लिखी है।

होलोफर्नीज़ : आज मैं अपने एक शिष्य के पिता के घर खाना खाने जाऊँगा, जहाँ यदि आप कृपा करके आ सकें, तो बिना किसी संकोच के आएँ। क्योंकि मेरा उस शिष्य के माता-पिता के साथ खुला व्यवहार

है, मैं यहाँ यह सिद्ध करूँगा कि वह कविता बिलकुल मूर्खतापूर्ण थी जिसमें न तो किसी प्रकार का शब्दचातुर्य था, न कोई प्रयोग था और न सच्चे काव्य की आत्मा ही उसमें थी। कृपा करके आइए वहाँ। मैं आपके सत्संग के लिए प्रार्थना करता हूँ।

नैथेनियल : इसके लिए आपको धन्यवाद। *बाइबिल* में भी लिखा है कि सत्संग ही जीवन का सुख है।

होलोफर्नीज़ : हाँ, *बाइबिल* का यही तो अकाट्य निष्कर्ष है! *(सिपाही से)* श्रीमान! मैं आपको आमन्त्रित करता हूँ, अब आप 'न' नहीं कहेंगे। चलिए। सब श्रेष्ठ सज्जन अपने खेल में लगे हुए हैं, हम भी अपना मनोरंजन करें।

(प्रस्थान)

दृश्य 3

(अकेले बैरोने का हाथ में एक कागज़ लिए हुए प्रवेश)

बैरोने : सम्राट् तो हरिण का शिकार कर रहे हैं। मैं अपने-आपका शिकार कर रहा हूँ। उन्होंने तो एक जाल बिछा दिया है और मैं आरी के दाँतों के बीच घिरा मेहनत कर रहा हूँ। दाँते जो लगातार चक्कर से चलते हैं। न, यह शब्द ठीक नहीं है। अच्छा तो, वेदना मिट जा! कहते हैं कि मूर्ख ने यही कहा था और यही मैं कहता हूँ, तो फिर क्या मैं मूर्ख हूँ! वाह, यह बात तो सिद्ध हो गई। भगवान की सौगन्ध, यह प्रेम तो बिलकुल ऐजैक्स[1] की तरह पागल और

---

1. Ajaks : जब एकिलीज़ की ढाल ऐजैक्स को नहीं दी गई, तो वह अधीर हो उठा और पागलपन के से आवेश में आकर उसने एक भेड़ों के झुण्ड को शत्रु की सेना समझकर काट डाला।

आवेश-पूर्ण है। उसने भेड़ों को काट डाला था और यह मुझे मारता है तो मैं एक भेड़ हुआ। वाह, फिर भी मेरे ही पक्ष में कितनी अच्छी बात सिद्ध हुई है! मैं प्रेम नहीं करूँगा और अगर मैं करूँ तो मुझे फाँसी पर लटका देना! सच कहता हूँ, मैं कभी भी प्रेम नहीं करूँगा। बस मैं सिवाय उसकी आँख के, प्रकाश के सामने हाथ करके कहता हूँ कि सिवाय उसकी आँख के मैं उससे बिलकुल प्रेम नहीं करूँगा, हाँ, बस करूँगा तो सिर्फ उसकी दोनों आँखों से। अरे, मैं तो झूठ बोलने के सिवाय इस दुनिया में कुछ करता ही नहीं और अब सरासर झूठ बोल रहा हूँ। भगवान की सौगन्ध, मैं तो प्रेम करता हूँ और इसीने मुझे कविता बनाना और वेदनामय रहना सिखाया है। यह मेरी कविता का एक भाग है और यह मेरी वेदना है। उसके पास तो मेरा एक सॉनेट पहले ही पहुँच चुका है। एक विदूषक मूर्ख उसे ले गया था, एक बेवकूफ ने भेजा था और वह अब एक स्त्री के पास है।

प्रिय विदूषक, प्रियवर मूर्ख, प्रियतमा स्त्री! सच कहता हूँ, अगर वे तीनों भी इस जाल में फँस जाएँ, तो फिर तनिक भी चिन्ता व डर नहीं रहे। पत्र लेकर कोई आ रहा है यहाँ। भगवान उसको वह सामर्थ्य और साहस दे, जिससे वह अपने हृदय की आहों को बाहर निकाल सके।

(वह एक पेड़ पर चढ़ जाता है। एक कागज़ लिए सम्राट् का प्रवेश)

सम्राट् : अरे!

बैरोने : काम देवता! आगे बढ़कर अपना कार्य सम्पन्न करो। तुमने अपने बाणों से उसके हृदय को बेध दिया है। सच, यह तो बड़ा रहस्य है।

सम्राट् : *(पढ़ता है)* "वह दिव्य स्वर्णिम आभावाला सूर्य भी प्रातःकाल अपनी किरणों से गुलाब पर पड़ी ओस की बूँदों को इतनी मधुरता से नहीं चूमता, जितनी तुम्हारी आँखों से खिलती नवकिरणें मेरे गालों

पर बिखरी रात्रिरूपी ओस की बूँदों को चूमकर नवप्रभात का-सा आनन्द मेरे अन्तर में जगाती हैं। जैसा तुम्हारी सुन्दर मुखाकृति का प्रकाश मेरी आँखों में भरे आँसुओं के बीच होकर खिलता है, उससे आधा भी उस रजत चन्द्र का प्रकाश निर्मल जल के भीतर नहीं खिलता। आँखों से बहनेवाले प्रत्येक आँसू में तुम्हारी आभा व्याप्त है, प्रत्येक बूँद में तुम समाई हुई हो। इस तरह मेरी वेदना में पूर्ण विजय का गर्व लिए हुए तुम मुझे पूरी तरह अपने वश में कर चुकी हो। बस केवल मेरी आँखों में बहते हुए आँसुओं को देखो, मेरी पीड़ा के भीतर से वे तुम्हारे गौरव का प्रदर्शन करेंगे। लेकिन अपने-आपसे ही प्रेम करनेवाली अभिमानिनी बनकर मत रहना, क्योंकि तब तो तुम मेरे आँसुओं को दर्पण की तरह देखने लगोगी और मुझे और भी रुलाओगी।

ओ सम्राज्ञी! तुम्हारे इस अद्वितीय रूप की कहाँ तक प्रशंसा करूँ! न तो कल्पना इतने ऊपर तक जा सकती है और न साधारण प्राणि-जगत् की भाषा में इसका वर्णन किया जा सकता है।''

वह मेरे हृदय की वेदना को कैसे जानेगी? मैं इस पत्र को यहीं डाल देता हूँ। मधुर पत्तियो! इस मूर्खता पर अपनी छाँह रखना। कौन आ रहा है इधर?

(सम्राट् छिपकर खड़े हो जाते हैं। लौंगेविले का एक कागज़ लिए प्रवेश)

क्या लौंगेविले कुछ पढ़ रहा है! सुनना चाहिए।

बैरोने : अब तेरी ही तरह एक और मूर्ख आ गया।

लौंगेविले : ओह? मेरी तो शपथ भंग हो चुकी है।

बैरोने : अरे, यह तो अपनी शपथ तोड़कर आए व्यक्ति की तरह हाथ में पत्र लिए हुए आया है।

सम्राट् : मेरा ख्याल है, यह भी प्रेम में फँसा हुआ है। लज्जा में कैसे मधुर साथी मिलते हैं!

बैरोने : एक नशेबाज़ दूसरे नशेबाज़ से ही प्रेम दिखाता है।

लौंगेविले : क्या मैं ही पहला व्यक्ति हूँ जिसने अपनी शपथ को भंग किया है?

बैरोने : नहीं, नहीं, दो अन्य व्यक्तियों के नाम गिनाकर मैं तुम्हें धैर्य बँधा सकता हूँ और अब तुमने आकर तो संख्या तीन कर दी, बिलकुल टाइबर्न के तिकोने फाँसी के तख्ते की तरह, यहाँ गरीब फाँसी पर लटकाए जाते हैं।

लौंगेविले : मुझे डर है कि ये पंक्तियाँ तुम्हारे हृदय को प्रभावित कर पाएँगी या नहीं।

ओ मधुर और सुन्दरी मेरिया! मेरे हृदय की रानी! इन गीतों को फाड़ देता हूँ मैं। गद्य में लिखूँगा इस सबको।

बैरोने : अरे कामदेव के मोज़े पर कविता की पंक्तियाँ ही तो रक्षक का काम करती हैं। उसके मोज़े को मत बिगाड़ो।

लौंगेविले : यही ठीक रहेगा।

(सॉनेट पढ़ता है)

यह अनुपमेय तेरी आँखें, यह दिव्य ज्योति का केन्द्र धाम,
क्या नहीं इन्हीं ने शपथ भंग मेरी करवा दी स्वयंकाम,
मैं वचन भंग कर चुका किन्तु अपराधी फिर भी नहीं आज,
जिस नारी के हित पाप किया, वह देवी है संशय न व्याज,
सब कुछ छोड़ा, पर तुझे नहीं, इतना क्या, कह दे, नहीं सत्य?
यह शपथ दीन पार्थिव है और; तू परम दिव्य ज्योतित अगत्य,
तेरी यदि दया मुझे ढंक ले, अपमान न छू सकते मुझको,
हैं शपथशून्य उच्छ्वास और उच्छ्वास, वाष्प ही हैं सबको,
ओ दीपसूर्य! तू जिससे है मेरी वसुन्धरा ज्योतिमान,
इस वाष्प सकल को ओझल कर, हे शुद्धात्मा तू है महान।
यदि नष्ट प्रतिज्ञा हुई भला, मेरा इसमें अपराध कौन?
पाए कोई यदि स्वर्ग भूमि के बदले क्यों वह रहे मौन?

मैं इसी हेतु सब छोड़ चुका कर चुका समर्पण पूर्णमग्न
तेरी आँखों से मेरा है संसार हो चुका स्वयं लग्न।

बैरोने : यह तो प्रेमी की सनक होती है जिसके कारण वह एक साधारण प्राणी को दिव्यात्मा का-सा गौरव देने लगता है, एक छोटी-सी बत्तख को देवी कहकर पुकारने लगता है, बिलकुल मूर्तिपूजा है यह तो। भगवान हमें बचाए, भगवान हमें बचाए, हम तो अपने मार्ग से बहुत पतित हो चुके हैं।

(ड्यूमेन का एक कागज़ लिए प्रवेश)

लौंगेविले : किसके हाथों भेजूँ इसे मैं—अरे, यह तो दूसरा साथी आ गया। ठहरो।

(एक ओर हट जाता है)

बैरोने : छिप जाओ सभी, छिप जाओ, बच्चों का पुराना आँखमिचौनी का खेल हो रहा है। एक अर्द्धपरमात्मा की तरह मैं यहाँ आकाश में बैठा हूँ और इन सभी मूर्खों के गुप्त कार्यों को देखता हुआ इनके भेद ले रहा हूँ।

अरे अभी, तो चक्की के लिए और भी अनाज है। मेरे भगवान अब तो मेरी इच्छा पूर्ण हो गई। ड्यूमेन भी बदल गया! एक ही तश्तरी में चार मुर्गे। वाह!

ड्यूमेन : ओ दिव्य सुन्दरी केटे?

बैरोने : ओ आवारा और गन्दी औरत!

ड्यूमेन : अहा! भगवान की सौगन्ध। तुम्हारा सौन्दर्य एक साधारण प्राणी की आँखों में अपूर्व आश्चर्य भर देता है।

बैरोने : पृथ्वी की सौगन्ध, वह ऐसी नहीं है। वह दिव्य नहीं है। तुम झूठ बोलते हो।

ड्यूमेन : तुम्हारे सुन्दर बाल स्वर्णिम आभा से भी अधिक स्वर्णिम और सुन्दर हैं।

बैरोने : सुवर्ण के-से पीले रंग के कौए पर अच्छी दृष्टि पड़ी!

ड्यूमेन : चीड़ के वृक्ष की तरह सीधी!

बैरोने : मैं कहता हूँ, झुकी हुई। उसका कन्धा तो बोझ से लदा हुआ है।

ड्यूमेन : दिन की तरह सुन्दर!

बैरोने : हाँ, हाँ, उन कुछ दिनों से तुलना कर सकते हो जब सूरज न निकला हो।

ड्यूमेन : भगवान! काश! मेरी कामना पूर्ण हो जाए!

लौंगेविले : और मेरी भी!

सम्राट् : और मेरी भी, मेरे अच्छे भगवान!

बैरोने : आमीन! इसी तरह काश! मेरी भी कामना पूर्ण हो जाए! क्या यह शब्द ठीक नहीं?

ड्यूमेन : मैं तो उसे भूलना भी चाहता था, लेकिन वह तो एक रोग बनकर मेरे रक्त में समा गई है और बार-बार उसकी याद मुझे आया करती है।

बैरोने : तुम्हारे रक्त में रोग बनकर! तो फिर अपने दिल को दो हिस्सों में काटकर उस रक्त को बाहर निकल जाने दो। अच्छा रहेगा।

ड्यूमेन : एक बार फिर मैं अपने लिखे हुए उस आह्वान-गीत को पढ़ूँगा।

बैरोने : एक बार फिर मैं देखूँगा कि प्रेम किस तरह बुद्धि में विभिन्नता लाता है।

ड्यूमेन : *(पढ़ता है)* –

आह, ग्रीष्म के मधुर मास में जब मखमली पल्लवों में चल
बहती थी मधुवात सुकोमल गन्धजीर्ण करती मन विह्वल,
उस दुर्दिन ने मधुर प्रेम ने अपने पथ की ओर निहारा
सब कुछ खोया हुआ विसर्जित लगा हो गया हारा हारा।
विकल प्रीति के कठिन पाश में वह श्वासों की दिव्य गन्ध की
तृष्ण में रह-रह अकुलाया, फिर भी पाया नहीं पंथ री। कहा,
अनिल बह ले! हे चंचल! यदि मुझको भी चपल बनाता।

किन्तु करूँ क्या हाय बद्ध हूँ, तुझ तक तभी पहुँच कब पाता?
फिर भी पानी मुझे न कहना यह तो यौवन ही अधीर रे,
तेरे लिए देवता भी निज रूप छोड़ते परम सत्य है, होते
अमर मर्त्य जगती के, बह लेते चंचल समीर से, फिर मेरा
क्या दोष भला जो तुझको मन ने कहा—गत्य है! मैं तुझमें हूँ,
अतः न मुझको त्याग, अरे निष्ठुर मत बनना! जहाँ
बन्धनों में स्वतन्त्रता मिल जाए उसपर मत हँसना।

इसे और इसके साथ कुछ और स्पष्ट सन्देश मैं भेजूँगा, जो मेरे सच्चे प्रेम की वेदना को अभिव्यक्त करेगा। ओ, काश! सम्राट्, बैरोने और लौंगेविले भी इस बुराई के लिए, बुराई के रूप में उदाहरण बनने के लिए प्रेमी होते; जिससे मेरे ऊपर प्रतिज्ञा भंग करने का अपराध तो नहीं आता, क्योंकि जहाँ सभी लोग इस प्रेम के जाल में फँसे हुए हों, वहाँ कोई भी एक-दूसरे के ऊपर प्रतिज्ञा भंग करने के कारण क्रुद्ध नहीं होगा।

लौंगेविले : *(आगे बढ़ते हुए)* ड्यूमेन्! तुम्हारा प्रेम सद्भावना से दूर है, क्योंकि तुम प्रेम की अपनी इस वेदना में भी दूसरों के सहयोग की अपेक्षा करते हो। अगर इस तरह इन बातों को छिपकर कोई सुन ले और पकड़ ले, तो तुम तो पीले पड़ जाओगे; लेकिन मैं जानता हूँ, मैं तो शरम के मारे मर जाऊँगा।

सम्राट् : *(आगे आते हुए)* अच्छा तो चलो, अब तुम भी शरमाकर अपना सिर नीचे झुका लो। तुम भी तो उसी जाल में फँसे हुए हो जिसमें वह है। तुम उसके ऊपर क्रुद्ध होकर उसको बुरा कह रहे हो, इस तरह से तो दूना अपराध कर रहे हो तुम। क्या तुम मेरिया से प्रेम नहीं करते? लौंगेविले! क्या तुमने उसके लिए कभी भी सॉनेट नहीं लिखा? और क्या अपने मन के वेग को दबाने के लिए तुमने अपने दोनों हाथों को एक-दूसरे में फँसाकर, अपने वक्ष को नहीं दबाया था? मैंने इस झाड़ी के अन्दर छिपे हुए तुम दोनों को अच्छी तरह

देख लिया है। तुम दोनों ने ही शरम के मारे सिर झुका लिए थे। मैंने स्वयं तुम्हारी अपराधपूर्ण कविताओं को सुना है और तुम्हारे सारे रंग-ढंग को ध्यान से देखा है। तुम्हारे उस भावावेश को भी मैंने देखा है, जब तुम्हारे हृदय से आहें निकलने लगी थीं।

एक कहता था—मेरी सौगन्ध, तो दूसरा पुकारता था—भगवान की सौगन्ध। एक कहता कि उसके बाल़ स्वर्णिम आभा लिए हुए थे, जबकि दूसरा अपनी प्रेयसी की आँखों की तुलना स्फटिक से करता था। *(लौंगेविले से)* तुम स्वर्ग के लिए ही अपनी प्रतिज्ञा भंग करोगे और *(ड्यूमेन से)* ईश्वर स्वयं तुम्हारी प्रेयसी के लिए प्रतिज्ञा तोड़ देगा। जब बैरोने इस तरह प्रतिज्ञा-भंग की बात सुनेगा तो क्या कहेगा और विशेष रूप से, जबकि प्रतिज्ञा लेने के समय पूरा उत्साह दिखाया गया था? कितना हँसेगा वह हम पर? किस तरह के ताने कसेगा? किस तरह एक विजेता का-सा गर्व लेकर वह खुशी से कूदता, हमारा उपहास करता हुआ फिरेगा! अगर मुझे अपना सारा धन भी दे देना पड़े तो भी मैं यह चाहूँगा कि वह मेरा भेद न जान सके।

बैरोने : *(पेड़ से उतरकर)* अब मैं इस पाखण्ड को खोलने के लिए आगे बढ़ता हूँ। आह, मेरे स्वामी! कृपा करके मुझे क्षमा करिए। सहृदय श्रीमान! जो व्यक्ति स्वयं ही सबसे अधिक प्रेम के वश में है उसे दूसरों को इसीलिए बुरा कहने का क्या अधिकार है? आपकी आँखों से बहते आँसुओं में तो किसी के लिए स्थान नहीं है। कोई निश्चित राजकुमारी भी नहीं हैं जो प्रकट हों। आप तो अपनी प्रतिज्ञा भंग नहीं करेंगे। यह तो बड़ा ही घृणित है।

हिश! भाटों के अलावा कोई भी सॉनेट बनाना नहीं पसन्द करता। लेकिन क्या आपको लज्जा नहीं आती! क्या आप तीनों को इस तरह पकड़े जाने पर तनिक भी लज्जा का अनुभव नहीं होता? तुमने उसके दोष को देखा, लेकिन सम्राट् ने तुम्हारी कमज़ोरी को देख लिया; लेकिन फिर भी मैं एक किरण की तरह तीनों के

दोष देखता रहा। ओह! कैसा मूर्खता-भरा दृश्य था यह, जो मैंने देखा है। आहें, वेदना-भरी पुकार, दुःख, पीड़ा, क्या-क्या था! ओह, सम्राट् को एक मच्छर बनते देखने के लिए मैं कितने धैर्य से बैठा रहा? महान हरक्यूलीज़ को एक लट्टू फिराते हुए, पूर्णता प्राप्त सॉलोमन को एक गीत गाते हुए, जनरल नैस्टर को बच्चों के साथ खेल खेलते हुए और आलोचक टाइमन को बेकार के से खिलौनों पर हँसते देखने के लिए मैंने कितना धैर्य रखा! तुम्हारी पीड़ा कहाँ है? मेरे अच्छे मित्र ड्यूमेन! बताओ तो मुझको। प्रिय लौंगेविले तुम्हारी पीड़ा कहाँ है और मेरे स्वामी की तड़पन कहाँ है? क्या सभी सीने के आसपास है? अरे! कुछ गरम-गरम चीज़ पीने को लाना!

सम्राट् : बड़ा तीखा मज़ाक है तुम्हारा। क्या सचमुच तुमने छिपकर हमारे साथ धोखा किया है?

बैरोने : धोखा आपके साथ नहीं किया है, धोखा तो मेरे साथ किया है आपने। मेरे साथ, जो एक बार शपथ ग्रहण करके उसको तोड़ना पाप समझता है। आप जैसे अस्थिर व्यक्तियों के साथ रहकर मैंने स्वयं धोखा खाया। आपने मुझे कोई प्रेम-गीत लिखते हुए कब देखा है? या किसी के लिए आहें भरते या एक मिनट का भी समय अपने बनाव-सिंगार के लिए नष्ट करते हुए कब देखा है? आपने यह कब सुना कि मैं किसी हाथ, पैर, चेहरे या आँख की प्रशंसा कर रहा हूँ या भौहें, वक्ष, कमर, पैर और वस्त्र वगैरह के प्रति आकर्षित होकर उनका प्रशंसात्मक वर्णन कर रहा हूँ?

सम्राट् : ठहरो! इतना तेज़ किधर जा रहा है यह? जो इस सरपट गति से भागता है वह कोई सच्चा आदमी है या कोई चोर है?

बैरोने : श्रेष्ठ प्रेमी! अब मुझे जाने की आज्ञा प्रदान करिए। मैं अब इस प्रेमी-समाज से विदा लेता हूँ।

(जैक्वेनिटा और विदूषक का प्रवेश)

जैक्वेनिटा : भगवान सम्राट को सुखी रखें।

सम्राट् : क्या उपहार है तुम्हारे पास?

विदूषक : एक निश्चित षड्यन्त्र!

सम्राट् : यहाँ षड्यन्त्र कौन करता है?

विदूषक : करता तो यह कुछ नहीं है श्रीमान!

सम्राट् : अगर इससे किसी प्रकार की हानि नहीं पहुँचती तो षड्यन्त्र और तुम दोनों यहाँ से शान्तिपूर्वक दूर चले जाओ।

जैक्वेनिटा : मैं आपसे प्रार्थना करती हूँ श्रीमान, कि इस पत्र को पढ़ लीजिए। हमारा पादरी इसपर सन्देह करता है, इसीलिए इसने षड्यन्त्र कहा है इसे।

सम्राट् : बैरोने पढ़ना इसको।

(बैरोने पत्र को पढ़ता है)

कहाँ से लाई हो तुम इसको?

जैक्वेनिटा : कौस्टर्ड के पास से।

सम्राट् : तुम कहाँ से लाए हो?

विदूषक : डॉन ऐड्रेमेडियो से। डॉन ऐड्रेमेडियो से।

(बैरोने पत्र फाड़ डालता है)

सम्राट् : क्यों? क्या हुआ? क्या हो गया है तुम्हें? फाड़ क्यों डाला तुमने इसको?

बैरोने : मेरे स्वामी! यह तो एक खिलवाड़ है। आपको परेशान होने की कोई अवश्यकता नहीं है।

लौंगेविले : इससे बैरोने के दिल में उथल-पुथल मच उठी है, इसलिए हमें उसे सुनना ही चाहिए।

ड्यूमेन : यह तो बैरोने का हस्तलेख है और यहाँ उसका नाम भी है।

(पत्र के टुकड़े इकट्ठा करने लगता है)

बैरोने : *(विदूषक से)* ओ, तवायफ की औलाद, बेवकूफ कहीं के, क्या तू मुझे इस तरह लज्जित करने के लिए ही पैदा हुआ था? मेरे स्वामी! मैं अपना अपराध स्वीकार करता हूँ।

सम्राट् : क्या?

बैरोने : यही कि चारों का समूह पूरा करने के लिए आप तीनों मूर्खों में एक मुझ मूर्ख की ही कमी थी। यह, यह, आप और मैं! स्वामी! इस प्रेम में छली और कपटी सिद्ध हो चुके हैं, इसलिए अब तो हमको मर जाना ही उचित है। इन और लोगों को यहाँ से विदा कर दीजिए। तब मैं आपको और बातें बताऊँगा।

ड्यूमेन : अब तो संख्या सम है।

बैरोने : ठीक, अब हम चार हैं। क्या ये कछुए यहाँ से जाएँगे नहीं?

सम्राट् : अच्छा श्रीमान! आप लोग कृपा करके जाइए।

विदूषक : सच्चे आदमी अलग चले जाएँ और इन विश्वासघातियों को यहाँ रह जाने दें।

(कौस्टर्ड तथा जैक्वेनिटा का प्रस्थान)

बैरोने : मेरे अच्छे सरदारो! प्रिय प्रेमियो! आओ, एक दूसरे से गले मिल लें। जितनी सचाई एक मनुष्य के अन्दर हो सकती है, उतने ही हम सच्चे हैं। समुद्र में तो ज्वार-भाटा आएगा ही। आकाश तो अपना मुख दिखाएगा ही। नए खून वाले नौजवान पुरानी मर्यादा का पालन नहीं कर सकते। हम जिसलिए इस पृथ्वी पर पैदा हुए हैं उसकी अवहेलना नहीं कर सकते, इसलिए हमारी प्रतिज्ञा भ्रष्ट हो गई है।

सम्राट् : क्या इस पत्र में, जिसे तुमने फाड़ डाला है, तुम्हारे प्रेम-सम्बन्धी कोई बात थी?

बैरोने : उसमें वही तो थी। क्या आप भी यह कहते हैं? जो एक बार उस दिव्य सुन्दरी रोज़ालिन को देख लेगा वह इंडीज़ के असभ्य और जंगली आदमियों की तरह वैभवशाली पूर्व दिशा के पहले द्वार पर अपना सिर झुकाएगा और अन्धा होकर एक दास की तरह ज़मीन चूमने लगेगा। बाज़ की-सी आँखोंवाला भी कौन है, जो उसकी दिव्य दृष्टि की ओर देखने का साहस करें और उसकी अद्भुत दिव्य आभा के सामने अन्धा न हो जाए?

सम्राट् : कैसे उत्साह और आवेश ने तुम्हें इस समय प्रेरित कर रखा है! तुम्हारी प्रेयसी की स्वामिनी, मेरी प्रेयसी, तो अति सुन्दर चन्द्रमा के समान है और तुम्हारी प्रेयसी उसके पास रहने वाले प्रकाश-रहित तारे के समान है।

बैरोने : अगर यह सत्य हो, तो ये आँखें मेरी आँखें नहीं हैं और न मैं बैरोने हूँ। ओ! मेरी प्रेयसी के बिना तो दिन रात्रि के रूप में परिवर्तित हो जाता! संसार में जितनी भी सुन्दरियाँ हैं, उन सबसे अधिक सुन्दरी है वह। उसकी मुखाकृति पर सर्वोच्च कोटि की सुन्दरताएँ एक मेले की तरह एकत्रित हो गई हैं, जहाँ कई श्रेष्ठताओं ने मिलकर एक अद्वितीय सुन्दरता का निर्माण किया है। वहाँ किसी तरह के अभाव की छाया-मात्र भी नहीं है। मृदुल स्वरों की सुन्दर भाषा मुझे वरदान रूप में दो। मुझे बनावटी दिखलाई पड़नेवाली भाषा से घृणा है। मेरी प्रेयसी भी इसकी आवश्यकता अनुभव नहीं करती। बिक्री की वस्तुओं की प्रशंसा करने का कार्य विक्रेता का होता है। उसकी प्रशंसा करने में प्रशंसा को स्वयं अपनी लघुता का आभास होता है। सौ वर्ष का एक बुड्ढा साधु भी एक बार उसकी सुन्दर आँखों को देखकर पचास वर्ष कम आयु का हो जाएगा। सुन्दरता वृद्धावस्था को मिटाकर एक साथ नव शैशव के रूप में बदल सकती है, कि हाथ में लाठी पकड़कर चलनेवाला व्यक्ति भी एक बार पालने में झूलने की स्थिति में आ जाएगा। ओ, सूर्य ही तो सभी वस्तुओं को प्रकाशमान बनाता है।

सम्राट् : भगवान की शपथ, तुम्हारी प्रेमिका तो बिलकुल आबनूस की तरह काली है।

बैरोने : क्या आबनूस उससे तुलना करने योग्य है? ओ! दिव्य काष्ठ। ऐसा काष्ठ सुख का स्वामी होता है। ओ, कौन इस समय शपथ ग्रहण करा सकता है? पुस्तक कहाँ है, जिसपर हाथ रखकर मैं शपथ ग्रहण कर सकूँ कि वह सुन्दरता अभावपूर्ण है जिसने मेरी उस अनन्य सुन्दरी प्रेयसी की आँखों से देखना नहीं सीखा। जो मुखाकृति इतनी

काली नहीं होती, वह कभी भी सुन्दर कहलाने योग्य नहीं है।

सम्राट् : ओ वाक्छल! काला तो नरक-चिन्ह है, धरती के नीचेवाले अन्धेरे कारागार का रंग है, रात्रि के स्कूल[1] का भी यही रंग है। सुन्दरी का सिर तो आकाश के रंग से ही उचित साम्य रखता है।

बैरोने : ओ! दुष्ट आत्माएँ ही प्रकाश की देवी बनने का प्रलोभन रखती हैं। यदि मेरी प्रेयसी की भौंहें काले रंग से सुसज्जित की जाएँ, तो फिर यह दुःखद प्रश्न उठ खड़ा होता है, कि इस वेश-सज्जा और अनधिकार रूप से सुन्दरता का अपहरण करनेवाले बालों से, देखने वालों को मुखाकृति का बनावटी झूठा रूप प्रत्यक्ष दिखेगा; इसलिए मेरी प्रेयसी काले रंग को ही स्वाभाविक सुन्दरता के रूप में बदलने के लिए पैदा हुई है उसने समय की रीति को बदल दिया है, क्योंकि अब स्वाभाविक रंग को ही वेश-सज्जा के अनुरूप समझा जाता है। इसीलिए लाल रंग जो अपनी किसी प्रकार की बुराई नहीं चाहता, उसकी भौंह की अनुकृति में अपने-आपको काले रूप में परिवर्तित करने के लिए प्रस्तुत है।

ड्यूमेन : चिमनी साफ करनेवाले भी उसी की तरह काले होते हैं।

लौंगेविले : लेकिन अब उसके समय में तो कोयले की खान में काम करने वाले मज़दूर भी सुन्दर मुखाकृति वाले गिने जाएँगे।

सम्राट् : फिर तो इथोपिया-निवासी भी अपनी सुन्दर मुखाकृति की बढ़-बढ़कर प्रशंसा करेंगे।

ड्यूमेन : अब तो काली रात में किसी तरह का दीपक जलाने की भी आवश्यकता नहीं है, क्योंकि अन्धेरा तो अब स्वयं प्रकाश हो गया है।

---

1. School of night : वह स्कूल जहाँ हैरियट, यार्लो और चैपमैन आदि लोग इकट्ठे होते थे और धार्मिक परम्परा और मान्यताओं के विरुद्ध स्वतन्त्र चिन्तन करते थे, वहीं से कई ऐसे लेख इन लोगों ने निकाले थे, जिन पर चर्च के अधिकारी काफी क्रुद्ध हो गए थे।

बैरोने : आप लोगों की प्रेयसियाँ इस डर से कभी बरसते पानी में नहीं आतीं कि कहीं पानी में उनके रंग धुल न जाएँ।

सम्राट् : यह अच्छा है कि तुम्हारी प्रेयसी तो आ जाती है। मैं सच कह रहा हूँ मित्र, कि मुझे तो गोरा चेहरा ही पसन्द है, फिर चाहे वह साफ भी न किया गया हो।

बैरोने : मैं कयामत के दिन तक इस पर बहस कर सकता हूँ और सिद्ध कर सकता हूँ कि वह सुन्दरी है।

सम्राट् : तब तुम्हें कोई भी दैत्य उसके समान डरा नहीं पाएगा।

ड्यूमेन : मुझे पता नहीं था कि ऐसे भी मनुष्य इस दुनिया में होते हैं जो बुरी चीज़ों से भी बहुत प्यार करते हैं।

लौंगेविले : यह देखो तुम्हारी प्रेयसी का रूप, बस मेरा तो पैर और उसका मुख एक-से ही हैं।

(अपना जूता दिखाता है)

बैरोने : ओ, अगर आम रास्ते तुम्हारी आँखों से पाट दिए जाएँ तो भी उसके पैर उनपर चलने के लिए अति कोमल हैं।

ड्यूमेन : ओ, कैसी झूठी और खराब बात है। अच्छा, यह बताओ कि जब वह चलेगी तो ऊपर की तरफ क्या होगा? सभी लोग उसको सिर के बल चलता देखेंगे?

सम्राट् : लेकिन इस सबसे क्या! क्या हम सभी प्रेम में डूबे नहीं हैं?

बैरोने : ओ, कुछ भी पूरी तरह निश्चित नहीं है, यही कारण है कि हम सभी वचन भ्रष्ट व्यक्ति हैं।

सम्राट् : फिर छोड़ो इस बहस को। मित्र बैरोने! अब तो किसी तरह इस प्रेम को वैध सिद्ध करके हमें यह विश्वास दिलाओ कि हमने अपने विश्वास को नहीं तोड़ा है!

ड्यूमेन : ओह! इस दोष को भी ठीक कहने की कोशिश!

लौंगेविले : इस कार्य को करने के लिए तो कोई प्रामाणिक लेख ढूँढ़ना पड़ेगा। दुष्टता से छल करने के लिए चाल और चतुराई का आश्रय लेना पड़ेगा।

ड्यूमेन : इस पतन को उचित ठहराने के लिए किसी औषधि की व्यवस्था करनी ही पड़ेगी।

बैरोने : ओ! यह तो आवश्यकता से भी अधिक है। तब तो अपने पास प्रेम के संरक्षक को रखना होगा। सोचो तो हमने पहले क्या शपथ ग्रहण की थी–यही न, कि पूरी तरह संयम से रहकर अध्ययन करेंगे और किसी भी स्त्री से नहीं मिलेंगे? जीवन के उच्छ्वासकाल यौवन के विरुद्ध कितना बड़ा षड्यन्त्र है यह! बताओ, क्या हम उपवास कर सकते हैं? अभी हमारे उदर इसके लिए परिपक्व कहाँ हैं? फिर इस तरह निरोध करने से अनेक दोष पैदा हो जाते हैं। फिर कहाँ तो हम सभी ने अध्ययन करने की प्रतिज्ञा ली थी, अब प्रत्येक ने पुस्तक छोड़कर अपनी प्रतिज्ञा भ्रष्ट कर ली है। क्या हम अब भी पुस्तक पर अपनी निगाह गड़ाकर अध्ययन करने की कल्पना कर सकते हैं? आपने ही बिना एक स्त्री के सुन्दर रूप के अध्ययन के, सुन्दरता को पाया होगा? मैं स्त्री की आँखों से यह सिद्धान्त निकालता हूँ कि वे आँखें ही पुस्तकें, शिक्षालय तथा क्षेत्र आदि सभी कुछ हैं, जहाँ से सच्ची दिव्याग्नि का परिचय मिलता है, जिसे प्रोमेथियस स्वर्ग के देवताओं से छीनकर मानव-मात्र के लिए लाया था। जिस तरह लगातार चलने और परिश्रम करने से बड़े से बड़ा शक्तिशाली यात्री थककर चूर हो जाता है, उसी प्रकार यदि हृदय की मृदु भावनाओं के विरुद्ध इस तरह चारों ओर से षड्यन्त्र करना प्रारम्भ कर दिया गया, तो जीवन की सारी स्फूर्ति और उत्साह नष्ट हो जाएगा। इसके अलावा, स्त्री के मुख को न देखने की शपथ खाकर तो तुमने अपनी आँखों की उपयोगिता को ही ठुकराया है और फिर दुःख मोल लेने के लिए अध्ययन करने की शपथ ले ली है। संसार में ऐसा कोई लेखक है, जो किसी और वस्तु को स्त्री की आँखों के बराबर सुन्दर बताता हो? विद्या तो हमारे व्यक्तित्व का एक गुण है; और जहाँ हम होंगे वहीं हमारी विद्या होगी। इसलिए जब हम अपने-आपको स्त्रियों की आँखों के भीतर देखते हैं, तो क्या

हम वहीं अपना ज्ञान नहीं देखते? सरदारो! हमने अध्ययन करने की प्रतिज्ञा ग्रहण की थी, लेकिन उसमें तो हमने अपनी पुस्तकें ही छोड़ दीं। बताइए मेरे स्वामी, आपने अथवा आपमें से अन्य किसी ने भी, कब इस तरह पूर्ण निरोध और प्रतिबिम्ब के साथ अध्ययन करके, ऐसी सुन्दर वस्तु को देखा होगा, जैसी ये आँखें हैं; और कब सौन्दर्य की ऐसी शिक्षिकाएँ तुम्हें मिली होंगी? अन्य नीरस विषय पूरी तरह मस्तिष्क में जम जाते हैं, इसलिए उनकी प्राप्ति के लिए निरर्थक प्रयास करनेवाले लोग अपने कठिन से कठिन परिश्रम का मुश्किल से ही कुछ परिणाम उठा पाते हैं; लेकिन प्रेम जो पहले-पहल किसी स्त्री की आँखों से सीधा जाता है, मस्तिष्क में अकेला ही बन्द नहीं रहता; बल्कि शरीर की सभी धातुओं को उससे शक्ति और गति मिलती है और जिस प्रकार वेग से विचार मस्तिष्क में चलता है, उसी वेग के साथ अंग-प्रत्यंग में दूनी शक्ति और स्फूर्ति समा जाती है। इससे आँख को अद्‌भुत ज्योति प्राप्त होती है। एक प्रेमी की आँखें एक गिद्ध के अन्धेपन को भी देख सकती हैं। उसके कान धीमे से धीमे स्वर को भी सुन सकते हैं, जब सन्देह में भरे किसी चोर को रोका जाता है। प्रेमी भावना पृथ्वी पर रेंगनेवाले केंचुए के शरीर से भी अधिक कोमल और मृदुल होती है। प्रेम की वाणी इतनी सुन्दर और आनन्ददायक होती है कि स्वयं आनन्द का देवता 'बैकस' उसके सामने फीका लगता है। जहाँ तक शक्ति का प्रश्न है, तो क्या प्रेम ही एक हरक्यूलीज़ नहीं है? क्या यह हैस्पेरिडीज़ बहनों के बाग के निरन्तर बढ़ने वाली वृक्ष की तरह नहीं है? यह तो स्फिक्स की तरह चतुर, ऐपोलो की ल्यूट की तरह, जिसपर उसके बालों के तार बँधे हुए हैं, मधुर संगीतमय है। और जब प्रेम बोलता है, तो ऐसा लगता है, मानो सारे देवताओं की मधुर ध्वनि से आकाश मूर्च्छित-सा हो गया हो। कोई भी कवि तब तक कविता नहीं लिख सकता, जब तक उसको प्रेम की तड़पन की सजीव अनुभूति न हो।

वैसे गीत सुनने के बाद तो उसकी पंक्तियाँ कठोर से कठोर हृदय को भी द्रवित कर देंगी और अत्याचारियों के हृदय में भी करुणा और प्रेम की भावना जगा देंगी। स्त्री की आँखों से यह सिद्धान्त मैंने ग्रहण किया है। वे अभी भी प्रोमेथियस के द्वारा लाई गई आग में और भी नवीन आभा भर देती हैं। वे ही पुस्तक-कलाएँ, शिक्षा-संस्थाएँ आदि सभी कुछ हैं, जो सभी वस्तुओं से पूर्ण होकर संसार का पोषण करती हैं। ऐसा न होता तो कोई भी किसी चीज़ में अच्छा सिद्ध नहीं हो पाता। तब इन स्त्रियों का परित्याग करके तो तुमने अपने-आपको मूर्ख बना लिया है, या जो भी प्रतिज्ञा तुमने की है उसको पालन करते हुए तुम स्वयं को मूर्ख बना लोगे। बुद्धिमत्ता के लिए, जो शब्द सभी आदमियों को प्यारा है; या प्रेम के लिए, जो शब्द सभी आदमियों क़ो प्यार करता है; या पुरुषों के लिए जो इन स्त्रियों के निर्माता हैं; या स्त्रियों के लिए जिनके द्वारा हम पुरुष पुरुष हैं; एक बार आओ, हम स्वयं को प्राप्त करने के लिए इस प्रतिज्ञा को छोड़ दें, नहीं तो प्रतिज्ञा निबाहने के लिए हमें अपने-आपको खोना पड़ेगा। इस तरह प्रतिज्ञा तोड़ना तो धर्म है, क्योंकि दूसरों के साथ सहृदयता और सहानुभूति का व्यवहार करना भी तो ईश्वरीय नियम है। बताओ, सहृदयता और सहानुभुति से प्रेम को अलग कौन कर सकता है?

सम्राट् : तो फिर हमारा देवता कामदेव है। योद्धाओ! चलो मैदान में।

बैरोने : बढ़ाओ अपने झण्डे योद्धाओ! और उनपर आक्रमण करके उनको पराजित कर दो, लेकिन इसका सबसे पहले ध्यान रखना कि इस संघर्ष में उनको उस समय प्राप्त करने का प्रयत्न करना जबकि उनकी श्रेष्ठता पूर्ण जाग्रत् हो।

लौंगेविले : अच्छा, अब साफ बातें करो। इन बहानेबाज़ियों को रहने दो। क्या फ्रांस की इन कुमारियों के साथ प्रेम करने का हम दृढ़ निश्चय कर लें?

सम्राट् : और उनको अपनी पत्नी बनाने का भी? तो फिर आओ उनके

खेमों में किसी मनोरंजन की व्यवस्था करें।

बैराने : सबसे पहले तो हमें चाहिए कि बाग से उन्हें यहाँ ले आएँ; फिर प्रत्येक अपनी-अपनी प्रेयसी का हाथ पकड़कर अपने घर चला जाए। दुपहर के बाद हम किसी विचित्र मनोरंजन के द्वारा उनका जी बहलाएँगे—ऐसा मनोरंजन, जो इतने थोड़े समय में हो सके। आनन्दोत्सव, नृत्य, मास्क तथा अन्य प्रकार के मनोविनोद के लिए चलो प्रेमियो! और अपनी प्रेयसियों के मार्ग में फूल बिछा दो।

सम्राट् : चलो, चलो! अब जो कुछ करना है, उसमें हम किसी तरह का समय नष्ट नहीं करेंगे।

बैरोने : बबूल बोकर आम खाने को नहीं मिलेंगे आपको। न्याय अपनी निश्चित और सम्यक् गति से चलता है। वचनभ्रष्ट आदमियों के लिए वे स्त्रियाँ, जो नैतिकता की ओर अधिक उन्मुख नहीं होतीं, एक मुसीबत बन जाती हैं। अगर ऐसा है, तो फिर क्या हम अपना सब कुछ देकर उससे भी कोई अच्छी वस्तु प्राप्त नहीं कर रहे हैं?

(प्रस्थान)

पाँचवाँ अंक

दृश्य 1

(होलोफर्नीज़, नैथेनियल तथा डल का प्रवेश)

होलोफर्नीज़ : जिससे आवश्यकतापूर्ण हो जाए, उतना ही पर्याप्त है।

नैथेनियल : श्रीमान! आपकी बुद्धि के लिए तो मैं, सच, परमात्मा की प्रशंसा करता हूँ। खाने के वक्त तो आपकी बातें बड़ी ही तीखी और गूढ़ार्थक पहेली जैसी हो गई थीं। बिना किसी निम्न कोटि के हास के वे आनन्ददायक थीं, बिना किसी प्रकार के अहंकार और आडम्बर के उनमें पूरा बुद्धिचातुर्य था, बिना किसी प्रकार की धृष्टता के उनको पूरी निर्भयता से कहा गया था, बिना उग्र दम्भ के उनमें पूरी विद्वत्ता थी और बिना किसी धार्मिक मर्यादा का उल्लंघन किए जाने पर भी वे बातें विचित्र थीं। मैंने कल ही सम्राट के एक सहयोगी से बातें की थीं। उनको डॉन ऐड्रियानो डि आर्मेडो के नाम से जाना जाता है।

होलोफर्नीज़ : मैं आपको और उस आदमी को, दोनों को जानता हूँ। उसकी सनक तो बड़ी ऊँची है। बातें भी बड़ी प्रामाणिक करता है, वाणी सुगढ़ है, आँखों में महत्त्वाकाँक्षा झलकती है, वेश-भूषा बड़ी ही शानदार है और उसका साधारण व्यवहार भी बड़ा ही विचित्र है। बहुत बढ़-बढ़कर व्यर्थ की बातें बनानेवाला आदमी है। वह इतना

विचित्र, दम्भी और सदा अपने-आपको बड़ा समझनेवाला सनकी है कि इन चीज़ों को देखकर तो मैं उसे कोई अजनबी परदेसी ही कहूँगा।

नैथेनियल : बिलकुल, एकमात्र बहुत ही अच्छा विशेषण है यह उसके लिए।

(अपनी किताब निकालता है)

होलोफर्नीज़ : जितना अच्छा उसका तर्क नहीं होता, उससे कहीं अच्छे शब्दों का जाल-सा बिछा देता है वह। मैं ऐसे विचित्र और अपनी वाक्-चपलता में डूबे रहनेवाले दम्भी व्यक्तियों से घृणा करता हूँ। वर्णाक्षरों तथा उच्चारण आदि के नियमों के विरुद्ध जो अन्याय करते हैं, उनके प्रति तो मैं घृणा और उपेक्षा ही रखता हूँ, क्योंकि जब उन्हें सन्देह कहना चाहिए तो उसके स्थान पर वे सन्दे कहेंगे, ऋण के लिए रिण, बछड़े की जगह वशणा, अर्द्ध की जगह अर्ध, पड़ौसी के लिए पणौसी, हिनहिनाने को संक्षिप्त करके वे हिननन कहेंगे। यह बड़ा ही घृणित है जिसको वह घृणित कहेगा। मुझे तो पागलपन लगता है और यह आर्मेडो एक पूरा पागल है।[1]

नैथेनियल : भगवान को इसके लिए धन्यवाद है, मैं आपकी बात समझता हूँ।

होलोफर्नीज़ : थोड़ी कमज़ोर भाषा है, लेकिन ठीक है—चलेगी।[2]

(आर्मेडो, लड़के तथा विदूषक का प्रवेश)

नैथेनियल : देखो, कौन आ रहा है?

होलोफर्नीज़ : देख रहा हूँ और प्रसन्नता का अनुभव कर रहा हूँ।

आर्मेडो : लड़के!

---

1. होलोफर्नीज़ के संवाद में अंग्रेज़ी के कुछ शब्द और उनके उच्चारण सम्बन्धी समस्या आती है। होलोफर्नीज़ मर्यादा को तोड़नेवाले व्यक्तियों से घृणा करता है; जैसे आर्मेडो Doubt शब्द को Dout; Debt को Det; Calf को Cauf; half को Hauf; Neighbour को Neibour कहता है। होलोफर्नीज़ भाषा के क्षेत्र में इस स्वतन्त्रता का विरोधी है। हमने इन शब्दों के अनुवाद देकर हिन्दी के उच्चारण के साथ इसका तार मिला दिया है।
2. यह संवाद लैटिन भाषा का है। लैटिन भाषा कमज़ोर है, इसलिए होलोफर्नीज़ उसके बारे में कहता है।

होलोफर्नीज़ : लड़के के लिए यह 'लणके' शब्द का प्रयोग क्यों? आपने सुना! इसके मुँह से ड़ भी ण जैसा लगता है।

आर्मेडो : शान्तिप्रिय व्यक्तियों की अच्छी मुठभेड़ हुई।

होलोफर्नीज़ : अत्यधिक साहसी और वीर श्रीमान! अभिवादन स्वीकार करिए।

लड़का : ये किसी भाषाओं की बड़ी दावत में गए थे और वहाँ से बचे-खुचे टुकड़ों को चुरा लाए हैं।

विदूषक : ओ, उन्होंने तो बहुत समय तक शब्दों की भीख माँगने की टोकरी से जीवन-निर्वाह किया है। मुझे आश्चर्य है कि तुम्हारे स्वामी ने एक शब्द के लिए तुमको नहीं खाया है, क्योंकि तुम उतने बड़े नहीं हो जितना बड़ा लैटिन का शब्द औनरिफिकेबिलिट्यूडिनिटेटिबस[1] है। तुम तो एक मुनक्के से भी अधिक आसानी के साथ निगले जा सकते हो।

लड़का : शान्त! कोई तीव्र ध्वनि उठने लगी है।

आर्मेडो : श्रीमान!, क्या आप अशिक्षित हैं?

लड़का : हाँ, हाँ, ये तो लड़कों को वह सींग से मढ़ी किताब पढ़ाते हैं। वे आ ब को उलटी तरफ से क्या पढ़ेंगे, अगर उनके सिर पर सींग लगा हो?

होलोफर्नीज़ : मेरे बच्चे! सींग के साथ? बा पढ़ेंगे उसे।

लड़का : बा यानी अत्यन्त सीधी भेड़ जो सींग-सहित है। आप उनकी विद्वत्ता को सुन रहे हैं?

होलोफर्नीज़ : किसकी, बता, व्यंजन ही तो है बा!

लड़का : यदि आप उनको दुहराएँ तो पाँच स्वरों[2] में से तीसरे तक कहिए और यदि मैं दुहराऊँ तो पाँचवें तक कहूँगा।

---

1. Honorificabilitudinitatibus : यह लैटिन भाषा का सबसे लम्बा शब्द है, जिसका अर्थ है—'सम्मान से लादे जाने की स्थिति में'।
2. अंग्रेज़ी भाषा के व्याकरण में पाँच स्वर, सत्ताईस व्यंजन होते हैं। स्वर हैं—A, E, I, O, U अर्थात् अ, ए या इ, ई, ओ, ऊ। हमने हिन्दी में रूपान्तर करते समय उसी अंग्रेज़ी के विधान का अनुसरण किया है।

होलोफर्नीज़ : मैं उनको दुहराता हूँ : अ इ ई।

लड़का : यहाँ तक बा ध्वनि के कारण स्वरों के मिलान का परिणाम शास्त्रीय दृष्टि से केवल भेड़[1] है। बाकी के दो स्वर, जो इसको पूरा करते हैं, ओ और उ हैं। वे आगे का मतलब पूरा करते हैं।

आर्मेडो : अहा, भूमध्यसागर की खारी लहर की सौगन्ध खाकर कहता हूँ, कैसी सुन्दरता के साथ वाक्-पटुता का प्रदर्शन हुआ है! कितनी शीघ्रता से ऐसी अच्छी बात बनी कि सच, तबीयत खुश हो गई। यह है सच्चा बुद्धि-कौशल!

लड़का : जिसे एक लड़के ने एक वृद्ध के सामने प्रदर्शित किया है, जो एक अपनी पुरानी ज्ञान की सींगी[2] बजाने वाला है।

आर्मेडो : क्या कहा? क्या कहा?

लड़का : सींग।

आर्मेडो : तुम तो एक बच्चे की तरह झगड़ा करते हो। जाओ अपनी गाड़ी हाँको।

लड़का : अपना एक सींग मुझे दे दीजिए गाड़ी बनाने के लिए, फिर मैं चारों तरफ, एक आवारा औरत के पति के एक सींग की गाड़ी को घुमाता हुआ, आपकी बदनामी फैलाऊँगा। क्योंकि सब कहते हैं कि व्यभिचारिणी स्त्री के पति के सिर पर सींग[2] होते हैं, क्योंकि वह भेड़ की तरह बेवकूफ होता है।

विदूषक : अगर मेरे पास इस दुनिया में एक पैसा भी है, तो उसे मैं तुम्हें

---

1. Ca : भेड़ की आवाज़ 'बा बा' ही होती है, इसी कारण इस शब्द का अर्थ भेड़ लगाया गया है, फिर आगे O, U में सींग की ध्वनि से उसका अर्थ आरोपित करके लड़के ने स्वरों के द्वारा अपनी बात को सिद्ध किया है, यह उसका भाषा-कौशल है।
2. Wit-old : इस शब्द का अर्थ तो 'एक पुराना वाक्-चतुर' होता है, लेकिन इसके साथ Wittol का 'पन' और है जिसका अर्थ है–व्यभिचारिणी स्त्री का पति जो सिर पर सींग लगाता है। सींग शब्द को लाने के लिए ही हमको सींगी बजाने वाले का प्रयोग करना पड़ा।

अदरक के रस में भीगी रोटी ख़रीदने के लिए दे दूँगा। यह लो, जड़ और मूर्ख लड़के! तुम्हारे स्वामी से मैंने इसे पारिश्रमिक के रूप में पाया है। ओ! भगवान करता कि तुम मेरी हरामज़ादी औलाद होते। फिर कैसा अच्छा बाप मिलता तुम्हें! जाओ, यह तो तुम्हारे पोटुओं पर है।

होलोफर्नीज़ : ओह, यह तो भाषा का गलत प्रयोग है। पोरों के लिए पोटुओं का प्रयोग गलत है।[1]

आर्मेडो : विद्वान महाशय! पहले आप जाइए। फिर आप जैसे जंगली और मूर्ख से तो छुटकारा मिलेगा। क्या होलोफर्नीज़ महोदय हैं! नवयुवकों को पर्वत के ऊपर स्थित शुक्ल-भवन में नहीं पढ़ाते हैं?

होलोफर्नीज़ : पहाड़ी के ऊपर कहिए न?

आर्मेडो : हाँ पर्वत के लिए जो चाहें कह लीजिए।

होलोफर्नीज़ : हाँ, बिना शंका के यही मान लेता हूँ मैं।

आर्मेडो : श्रीमान! सम्राट् की यह बड़ी इच्छा है कि वे राजकुमारी का अपने यहाँ मध्यान्ह के पश्चात् स्वागत करें, जिसे गँवार लोग दोपहर के बाद कहते हैं।

होलोफर्नीज़ : श्रीमान! मध्यान्ह के पश्चात् के लिए 'दोपहर के बाद' शब्द अत्यन्त ही उचित है। वाह! बड़े छँटे हुए और चुनिंदा शब्द हैं उसके लिए, सच कहता हूँ, विश्वास करिए।

आर्मेडो : श्रीमान् सम्राट् तो बड़े ही सहृदय व्यक्ति हैं और मेरे परिचित या कहूँ मेरे बहुत अच्छे मित्र हैं, क्योंकि जो बात हमारे बीच छिपी हुई है, उसको प्रकाश में लाना ही चाहिए। मेरी यह प्रार्थना है कि शिष्टता का तो कम से कम विचार रखिए। बस, ठीक है, अब भले

---

1. यह सब कुछ लैटिन भाषा में लेकर चलता है, हमने ग्रामीण प्रयोग और साहित्यिक प्रयोग को लेकर भाषा की गलती को स्पष्ट किया है। सार रूप में होलोफर्नीज़ भाषा का ज्ञान दिखा रहा है।

ही अपने सिर को ढाँप लीजिए, लेकिन इसके अलावा और भी महत्त्वपूर्ण और आवश्यक बातों का ध्यान रखना चाहिए। लेकिन इसे जाने दें, क्योंकि मैं आपको बता दूँ कि कभी-कभी तो सम्राट् स्वयं मुझ गरीब के कन्धे पर झुककर अपनी अंगुलियों से मेरे बालों को सहलाते हैं, मेरी मूँछों पर हाथ फेरते हैं। लेकिन प्रिय मित्र! जाने दो इसे! मैं कोई कल्पित कहानी नहीं कह रहा हूँ, बल्कि सच कहता हूँ। यात्रा के लिए प्रसिद्ध इस आर्मेडो पर, जिसने सारी दुनिया की यात्रा कर ली है, सम्राट् की विशेष कृपा है। लेकिन जाने दो इसे भी, यही इस सबका सार है। लेकिन प्रिय मित्र! इसको अपने तक ही गुप्त रखना कि सम्राट् राजकुमारी के सामने मेरे द्वारा कोई अच्छा-सा खेल करवाना चाहते हैं। अब यह जानकर कि नैथेनियल और आप ऐसे काम में अच्छा सहयोग दे सकते हैं और दर्शकों को अपने अभिनय के द्वारा हँसा सकते हैं। मैं प्रार्थना करता हूँ कि इस काम में हमारी सहायता करिए!

होलोफर्नीज़ : श्रीमान! आप उनके सामने नवरत्नों का खेल प्रस्तुत करिए! श्रीमान नैथेनियल या मुझ जैसे विद्वान और ख्यातिप्राप्त मनुष्य के अतिरिक्त, जहाँ तक मध्यान्ह के पश्चात् सम्राट् की आज्ञा से राजकुमारी के सामने खेले जानेवाले खेल का सम्बन्ध है, और कोई भी व्यक्ति नवरत्न को प्रस्तुत करने के योग्य नहीं है।

नैथेनियल : तो फिर उसके लिए योग्य व्यक्ति आपको हमारे अतिरिक्त और कहाँ से मिलेंगे?

होलोफर्नीज़ : जोशुआ तो आप बनेंगे, मैं जूडाज़ में केबियस बनूँगा और यह विदूषक काफी लम्बा है इसलिए पोम्पे महान बन जाएगा। लड़का हरक्यूलीज़ का पार्ट अदा कर लेगा।

आर्मेडो : क्षमा करिए श्रीमान! इसमें एक गलती है। यह लड़का तो इस अंगूठे के रत्न के बराबर भी बड़ा नहीं है और लम्बाई में तो उस दण्ड के छोर से भी छोटा है।

होलोफर्नीज़ : क्या आप मेरी बात सुनेंगे? यह लड़का तो छोटी अवस्था वाले हरक्यूलीज़ का पार्ट अदा करेगा। वैसे रंगमंच पर इसके आने और वहाँ से जाने के बीच इसका काम साँप का गला मरोड़ना ही होगा। इसके लिए मैं क्षमा-याचना कर लूँगा।

लड़का : वाह, क्या अच्छी तरकीब है! जिससे कि अगर कोई दर्शक फुसकारी की-सी आवाज़ करें, तो आप यह चिल्लाएँ कि शाबाश हरक्यूलीज़! तुमने तो साँप को कुचल डाला। एक अपराध को सुन्दर और प्रिय बनाने का यही मार्ग है। लेकिन कम ही लोगों में यह गुण पाया जाता है।

आर्मेडो : बाकी के 'रत्नों' के लिए क्या होगा?

होलोफर्नीज़ बाकी के तीन पार्ट तो मैं स्वयं अदा कर लूँगा।

लड़का : आप तो तिगुने गुणी हैं श्रीमान!

आर्मेडो : क्या मैं आपसे एक बात कहूँ?

होलोफर्नीज़ : हाँ, हाँ, कहिए।

आर्मेडो : अगर यह ठीक तरह नहीं जमता है तो हम एक प्राचीन नाटक प्रस्तुत करेंगे। बस अब कृपा करके मेरे साथ चलिए।

होलोफर्नीज़ : मेरे अच्छे दोस्त डल! इस बीच तुमने तो ज़बान तक नहीं खोली है।

डल : श्रीमान, कुछ समझ में नहीं आया।

होलोफर्नीज़ : हम तुम्हें भी इस काम में नियुक्त करते हैं।

डल : मैं तो नाचने वगैरह का काम करूँगा, या जब रत्न नाचेंगे तो उनके साथ में ढोल बजा दूँगा।

होलोफर्नीज़ : अच्छा, ईमानदार दोस्त डल! चलो, बस अब अपने खेल की तैयारी करें।

(प्रस्थान)

दृश्य 2

(महिलाओं का प्रवेश)

राजकुमारी : प्रिय सखियो! अगर इस अधिकता के साथ हमारे पास भेंट आती चली गईं, तो हम यहाँ से जाने के पहले बहुत धनी हो जाएँगी—हरएक महिला हीरों से लदी हुई होगी! देखो, सखियो! प्रेमी सम्राट् के यहाँ से मेरे लिए क्या आया है।

रोज़ालिन : श्रीमती! क्या इसके साथ और कुछ नहीं आया था?

राजकुमारी : इसके अलावा तो कुछ भी नहीं। हाँ, उन्होंने जो प्रेमगीत इसके साथ भेजा है, वह इतना लम्बा है कि उससे एक कागज़ दोनों तरफ से मार्जिन-सहित भर जाता है और उसमें उन्होंने काम-देवता की ओर अपना विशेष उत्साह और आकर्षण दिखाया है।

रोज़ालिन : यही तो रास्ता था कामदेव की आध्यात्मिक चेतना को विचलित करने का, क्योंकि पाँच हज़ार वर्षों से अभी तक वह एक अबोध बालक ही तो बना हुआ है।

कैथराइन : लेकिन इसके साथ एक चालाक और अभागा धूर्त भी है।

रोज़ालिन : आप कभी भी उसके साथ सौहार्द और प्रेम नहीं स्थापित कर पाएँगी, क्योंकि उसने ही आपकी बहिन को मारा था।

कैथराइन : उसे दुःखी, चिन्तित और विक्षिप्त बनाने का कारण वह ही था और इसी कारण वह मर गई। अगर वह आपकी तरह ही मज़ाकिया और अधिक गम्भीर मनोवृत्ति की न होकर चलते हुए स्वभाव की होती, तो मरने से पहले वह तो इतनी जीवित रहती कि उसकी दादी बनकर रहती। लेकिन अब आपके बारे में हमारी यही आशा है, क्योंकि हल्की तबीयत का आदमी अधिक दिनों तक जीवित रहता है।

रोज़ालिन : इस 'हल्की'[1] शब्द का क्या काला अर्थ है तुम्हारा प्रिय सखी?

कैथराइन : एक अत्यन्त सुन्दरी श्यामला स्त्री की हल्की-सी चलती हुई आदतों से मेरा तात्पर्य है।

रोज़ालिन : तुम्हारे इस गूढ़ार्थ को समझने के लिए तो हमको और अधिक प्रकाश की आवश्यकता है।

कैथराइन : तुम तो इस तरह मन में बुझकर इस प्रकाश को ही समाप्त कर दोगी। इसीलिए मैं अपनी बात को बुझी हुई हालत में खत्म करूँगी।

रोज़ालिन : देखो तो, तुम क्या कह रही हो और फिर अभी तक भी तुम उसे अंधेरे में करती ही जा रही हो!

कैथराइन : ऐसा तुम तो नहीं करती, क्योंकि तुम तो बड़े हल्के और चलते स्वभाव की स्त्री हो!

रोज़ालिन : निस्सन्देह, मैं तुम्हारा भार नहीं उठाती, इसीलिए हल्की हूँ।

कैथराइन : तुम मेरा भार नहीं उठातीं, यानी तुम मेरी परवाह नहीं करती हो?

रोज़ालिन : इसका बहुत बड़ा कारण है, क्योंकि उसी की परवाह छोड़ दी जाती है, जो असाध्य होता है।

राजकुमारी : वाह खूब! दोनों ने शब्द पर शब्द गढ़कर अपना वाक्चातुर्य दिखाया; लेकिन रोज़ालिन, तुम्हें भी तो कोई प्यार करता है न? किसने भेजा है इसे? क्या?

रोज़ालिन : अच्छा होता, आप इसको जानतीं। अगर मेरा चेहरा आपका जैसा सुन्दर होता, तो मैं इससे भी अधिक आकर्षण अपने प्रति पैदा कर पाती। देखिए इसे! अरे, मुझे तो गीत लिखकर भी भेजा गया

---

1. Light : इस शब्द को लेकर अत्यधिक 'पन' का प्रयोग हुआ है। इस शब्द के कई अर्थ हैं : हल्की चलती तबीयत का; छिछोरा; दुश्चरित्र, प्रकाश, आवारा, हल्का। ये सभी अर्थ जहाँ-तहाँ लगते हैं और उनसे एक Light शब्द को लेकर शब्दकौशल दिखाया है। इसके विपरीत Dark यानी अन्धेरा शब्द का प्रयोग किया गया है।

है! इसकी पद-व्याख्या तो ठीक है, काश! इसमें मेरे पद का भी मूल्यांकन वैसा ही अच्छा हो जाता है। मैं इस धरती पर सर्वश्रेष्ठ सुन्दरी होती ! मेरी तुलना बीस सहस्र सुन्दरियों से की गई है। अरे! उसने तो अपने इस पत्र में मेरी तस्वीर तक बना दी है!

राजकुमारी : और कोई ऐसी चीज़ है?

रोज़ालिन : अक्षरों में तो बहुत कुछ है, लेकिन प्रशंसा में कुछ नहीं।

राजकुमारी : स्याही के समान सुन्दरी! बड़ा अच्छा निष्कर्ष है।

कैथराइन : एक कॉपी बुक में आए पाठ की तरह आकर्षक।

रोज़ालिन : पेंसिलों को सावधान रहना चाहिए, यों ही निशान लगाना ठीक नहीं! कैसे? मैं तुम्हारा ऋण अपने ऊपर लेकर नहीं मरना चाहती। ओ, काश! तुम्हारा चेहरा इतने गोल चकतों से भरा नहीं होता।

कैथराइन : बन्द करो यह मज़ाक। तुम सभी कुटिल स्त्रियों पर भगवान का अभिशाप गिरे!

राजकुमारी : लेकिन कैथराइन! श्रेष्ठ ड्यूमेन ने तुम्हें क्या-क्या भेजा है?

कैथराइन : यह दस्ताना भेजा है श्रीमती।

राजकुमारी : क्या उसने तुम्हें दस्तानों का जोड़ा नहीं भेजा?

कैथराइन : जी हाँ श्रीमती! इनके अलावा हज़ारों पंक्तियों का प्रेमपत्र भेजा है। बस पाखण्ड और धूर्तता का भाषानुवाद करके बड़ा-सा पोथा तैयार किया है। फिर इन पंक्तियों को बड़ी ही निम्नता के साथ संकलित करके अपनी पूरी मूर्खता का परिचय दिया है।

मेरिया : लौंगेविले ने इसको और इन मोतियों को मेरे पास भेजा है। पत्र तो करीब आधा मील लम्बा होगा!

राजकुमारी : मैं तो यही सोचती हूँ कि क्या तुम अपने हृदय में यह नहीं चाहतीं कि पत्र तो छोटा होता और प्रेम का बन्धन उससे कहीं अधिक बड़ा होता?

मेरिया : ठीक! मेरी तो यह इच्छा है कि यह साथ कभी टूटे ही नहीं।

राजकुमारी : अपने प्रेमियों का इस तरह उपहास करने के लिए हम काफी अक्लमन्द हैं

रोज़ालिन : वे तो और भी गए-बीते बेवकूफ हैं जो इस तरह अपनी हँसी करा रहे हैं। जाने से पहले उस बैरोने के अहम् को तो मैं कुचलकर जाऊँगी। काश, इस हफ्ते के आखिर तक वह यहाँ आ जाए, तो फिर देखना, मैं कैसे उसको मतवाला बनाती हूँ! वह झुकेगा, विनती करेगा, मेरे प्रेम में तड़पेगा और समय की प्रतीक्षा करता हुआ अपनी सारी अक्लमन्दी को बेकार की-सी कविताएँ लिखने में खर्च करता रहेगा। फिर मेरी आज्ञा पर नाचता हुआ, मुझे—जो उसका उपहास करूँगी—प्रसन्न करने के लिए स्वयं इस कार्य में गर्व का अनुभव करेगा। इतनी क्रूरता के साथ मैं उसके अहम् को समाप्त करूँगी कि वह मूर्ख मेरे हाथ का खिलौना बन जाएगा और मैं उसके भाग्य की नियन्ता ही बनकर रहूँगी।

राजकुमारी : जब किसी को वश में किया जाता है, तो कोई भी इतने निश्चय के साथ वश में नहीं किया जा सकता, जैसे वाक्छल में अपनी ही अक्लमन्दी में फँसे हुए मूर्ख को किया जा सकता है। क्या एक विद्वान मूर्ख के लिए बुद्धिमत्ता, शिक्षण-संस्था का ज्ञान और वाक्चातुर्य आभूषणस्वरूप नहीं हैं?

रोज़ालिन : एक नवयुवक का रक्त इतने वेग से प्रभावित नहीं होता, जितने वेग से गम्भीरता उच्छृंखलता के विरुद्ध विद्रोह करती है।

मेरिया : मूर्खों में जो मूर्खता पलती है, वह कोई इतना विशेष ध्यान आकर्षित नहीं करती, जितनी अक्लमन्द व्यक्तियों में पलती मूर्खता, जबकि वाक्चातुर्य स्वयं मूर्खता लगता है; क्योंकि वह व्यक्ति इस वाक्चातुर्य के बल पर जितना किसी बात को सिद्ध करने का प्रयत्न करता है, उतना ही अपने-आपको मूर्ख सिद्ध करता चलता है।

(बौएट का प्रवेश)

राजकुमारी : बौएट आ रहा है और देखो उसके चेहरे पर बड़ी खुशी झलक रही है।

बौएट : ओ! मैं तो उपहास के मारे मर गया हूँ। राजकुमारी कहाँ हैं?

राजकुमारी : क्यों बौएट! क्या समाचार है?

बौएट : तैयार हो जाइए श्रीमती! पूरी तैयारी कर लीजिए। तुम भी बाँध लो अपने हथियार सुकुमारियो! तुम्हारी शान्ति नष्ट करने के लिए सैन्य दल उमड़ा चला आ रहा है प्रेम अपना वेश बदलकर इधर बढ़ा आ रहा है। अनेक तर्कों से इस तरह सुसज्जित है वह, कि तुम देखकर आश्चर्य में पड़ जाओगी। अपने वाक्‌चातुर्य को पूरी तरह व्यवस्थित कर लो और फिर अपनी रक्षा के लिए खड़ी हो जाओ, और नहीं तो मूर्ख-कायरों की तरह अपना मुँह छिपाकर भाग जाओ।

राजकुमारी : तो सन्त डेनिस सन्त कामदेव हो गए? कौन हैं वे जो इस तरह हमपर हमला करने आ रहे हैं? बोलिए, बताइए मुझे!

बौएट : अंजीर के पेड़ की शीतल छाया में मैंने आधा घण्टा विश्राम करने का विचार किया था, तो उसी समय मेरे विश्राम में व्याघात पहुँचाने के लिए सम्राट् और उसके साथी वहीं, उस पेड़ के नीचे बातें करने के लिए आ गए। तुरन्त ही मैं एक पास के कुंज में घुस गया और वहाँ से छिपकर मैंने उनकी उन बातों को सुना, जिनको आप अब सुनेंगी कि अपने वेश बदलकर धीरे-धीरे वे यहाँ आएँगे। उनका अग्रदूत एक बेवकूफ धूर्त आदमी है, जिसने अपने सन्देश को ज़बानी याद कर लिया है। बोलना और उसके साथ अभिनय करना, उन्होंने उसे सिखा दिया है, कि इस तरह तुम्हें यह बोलना चाहिए और इस तरह की स्थिति में अपने-आपको ऐसे रखना चाहिए। लेकिन कभी-कभी वे उस समय यह भी सन्देह करते थे कि अद्वितीय रूप की चमक के सामने उस बेवकूफ के दिमाग में पूरी तरह अन्धेरा न छा जाए कि किए-कराए सबको भूल जाए, क्योंकि सम्राट् ने कहा था—'तुम एक अप्सरा को देखोगे, लेकिन डरना मत! धैर्य और साहस रखकर बोलते जाना।' इसपर उस बेवकूफ लड़के ने जवाब दिया था—'एक अप्सरा कोई दुष्टात्मा नहीं होती, फिर मुझे उससे डरने की क्या आवश्यकता है? अगर वह एक दैत्या होती तो मैं अवश्य उससे

डरता।' इसे सुनकर सभी हँस पड़े और उन्होंने उसकी इतनी तारीफ की कि वह मज़ाकिया बेवकूफ उन तारीफों से और भी फूल गया। एक तो उसकी कुहनी पकड़कर मलने लगा और शपथ खाने लगा कि इससे पहले कभी इससे अच्छी बात उसके सुनने में ही नहीं आई। दूसरा अपनी उंगली और अंगूठा दिखाकर बोला कि 'चाहे जो कुछ भी हो, हम इस काम को करके रहेंगे।' तीसरा बकरी की तरह उछलकर चिल्लाने लगा—'सब ठीक होगा।' चौथा तो अपने पैर के अंगूठे पर घूमकर ज़मीन पर गिर पड़ा। उसके साथ ही सभी इतने ज़ोर से हँसकर ज़मीन पर गिर पड़े थे कि उस बहुत ज़ोर की हँसी को देखकर मुझे तो ऐसा लगता है कि उनके मूर्खतापूर्ण भावावेश को रोकने का हमारा सारा प्रयत्न उपहासास्पद होगा।

राजकुमारी : लेकिन क्या वे हमसे मिलने आ रहे हैं?

बौएट : हाँ, अवश्य! और जैसा मेरा अनुमान है, बिलकुल मस्कोवाइट या रूस-निवासी के-से वस्त्र वे पहने हुए हैं। उनके आने का तात्पर्य तुमसे बातें करके प्रेम करना और तुम्हारे साथ नाचना है। उनमें से प्रत्येक अपनी-अपनी प्रेयसी को अपना प्रेम दिखाएगा और अनेक तरह के उपहार भी उसको देगा।

राजकुमारी : क्या वे ऐसा करेंगे? तो फिर उन योद्धाओं की परीक्षा ली जाएगी। सखियो! प्रत्येक अपने चेहरे पर एक नकली चेहरा लगा लो, जिससे उनमें से कोई भी, कितनी भी विनती करके भी, हममें से किसी एक की भी शक्ल न देख पाए।

रोज़ालिन! लो यह चेहरा तुम पहन लो, तब सम्राट् आकर तुमको ही अपना प्रेम प्रदर्शित करने लगेंगे। यह लो प्रिय सखी, मेरा चेहरा! और अपना मुझको दे दो। इस तरह बैरोने मुझे रोज़ालिन समझेगा। तुम भी सखियो! अपना रूप एक-दूसरे से बदल लो, जिससे तुम्हारे प्रेमी भी भ्रम में पड़कर इसी तरह अपनी प्रेयसी को छोड़कर दूसरी को अपना प्रेम प्रदर्शित करने लगें।

रोज़ालिन : आओ तो, अपना चेहरा एक-दूसरे से बदल लें।

कैथराइन : लेकिन इससे तात्पर्य क्या है आपका?

राजकुमारी : मेरा उद्देश्य उनके उद्देश्य को निष्फल बनाना है। वे भी तो सिर्फ एक मज़ाक की तरह ही इस सबको करना चाहते हैं, बस उस मज़ाक का जवाब मज़ाक में ही देना मेरा सारा उद्देश्य है। इस तरह प्रेयसियों की इस अदला-बदली में वे अपनी बहुत-सी हृदय की बातें दूसरी स्त्री के सामने खोल जाएँगे और फिर अगली बार जब हम अपनी सही सूरतें लेकर उनसे बातें करने बैठेंगी तो पूरी तरह जमकर उनका मज़ाक उड़ाएँगी।

रोज़ालिन : लेकिन अगर वे चाहें तो क्या हमें उनके साथ नाचना चाहिए?

राजकुमारी : न, मरते दम तक अपना पैर नहीं हिलाएँगी और हम उनकी बात का कोई जवाब नहीं देंगी, बल्कि जैसे ही कोई बात कही जाए, तुरन्त ही हर एक अपना मुँह मोड़ ले।

बौएट : लेकिन इस तरह की अपेक्षा और तिरस्कार तो उस प्रेमी के हृदय को तोड़ देंगे और इससे तो उस समय वह अपनी सारी स्मृति खो बैठेगा।

राजकुमारी : इसीलिए तो मैं यह करना चाहती हूँ। मुझे इसमें तनिक भी शंका नहीं है। अगर वह हारकर बाहर चला गया, तो दूसरे तो कभी अन्दर आएँगे ही नहीं। एक खेल को दूसरे खेल से काटनेवाला ऐसा और कोई खेल नहीं है कि उनकी चीज़ को तो हम उनसे छीन लें और अपनी अपने पास ही बची रहे।

इस तरह हम उनके उपहास करने के इरादे को तोड़कर, उलटे उनका इतना उपहास करेंगी, कि शरम से सिर नीचा करके वे वापस अपने घरों को चले जाएँगे।

(तुरही की आवाज़)

बौएट : तुरही की आवाज़ आ रही है। बदल डालो अपने रूप। पहन लो एक-दूसरे के चेहरे।

(महिलाएँ चेहरे चढ़ा लेती हैं)

(काले मूर जाति के लोग तुरही बजाते हुए आते हैं। उनके साथ लड़का बोलता हुआ आता है, साथ में वेश बदले हुए अन्य सरदार हैं)

लड़का : संसार की सर्वश्रेष्ठ सुन्दरियो! हमारा अभिवादन स्वीकार करो।

बैरोने : अच्छे रेशमी कपड़े से अधिक सुन्दर नहीं हैं ये।

लड़का : जिन्होंने कभी भी आकर मनुष्य-संसार की ओर अपनी पीठ फेरी है, उन स्त्रियों में से सर्वश्रेष्ठ सुन्दरियों का एक समूह है यह!

बैरोने : पीठ नहीं बदमाश, बेवकूफ, आँख, उनकी आँख कहना चाहिए था।

लड़का : हाँ, जिन्होंने कभी भी आकर मनुष्य-संसार की ओर अपनी आँखें फेरी हैं। फिर...

बौएट : हाँ, ठीक है, अब जाओ यहाँ से। फिर देखना।

लड़का : फिर यदि तुम्हारी कृपा न हो तो उस समय दिव्यात्माएँ भी अपनी कृपा से विमुख हो जाएँ।

बैरोने : गधा, धूर्त कहीं का, एक बार ही विमुख हो जाएँ।

लड़का : हाँ, तुम्हारी उन आँखों से, जिनमें भगवान के पुत्र सूर्य की आभा है, एक बार मानो दिव्यात्माएँ देखने लगती हैं।

बौएट : उस विशेषण के लगाने से वे कोई जवाब नहीं देंगी। इसके बजाय तो तुम पुत्र सूर्य के स्थान पर पुत्री की आभा से व्यक्त कर देते तो भी कोई फर्क न पड़ता।

लड़का : वे मेरी तरफ ध्यान ही नहीं देतीं। अब मैं बाहर जाता हूँ।

बैरोने : क्या यही तेरे चातुर्य की पूर्णता है? बदमाश, चल, भाग जा यहाँ से।

(लड़के का प्रस्थान)

रोज़ालिन : ये अपरिचित व्यक्ति कौन हैं और क्या चाहते हैं? उनका तात्पर्य मालूम कर लो बौएट। यदि वे हमारी भाषा बोलते हों, तो हमारी

यह इच्छा है कि कोई सुलझा हुआ आदमी उनके तात्पर्य को बताए। मालूम करो कि वे क्या चाहते हैं।

बौएट : आप राजकुमारी से क्या चाहते हैं?

बैरोने : बस शान्ति के सिवाय और कुछ नहीं; और एक बार उनसे विनम्र भेंट।

रोज़ालिन : क्या चाहते हैं वे, बताओ?

बौएट : शान्ति के सिवाय और कुछ नहीं; और एक बार विनम्र भेंट।

रोज़ालिन : ठीक है तो शान्ति तो उनके साथ है, इसलिए उनसे कहो कि वे यहाँ से चले जाएँ।

बौएट : वे कह रही हैं कि यह तो आपके साथ है ही, इसलिए यहाँ से चले जाइए।

सम्राट् : उनसे कहना कि यहाँ इस घास पर आपके साथ नाचने के लिए हम बहुत मीलों का फासला पार करके आए हैं।

बौएट : वे कह रहे हैं कि तुम्हारे साथ इस घास पर नाचने के लिए वे बहुत मीलों का फासला पार करके आए हैं।

रोज़ालिन : यह बात नहीं है। अच्छा, उनसे पूछो कि एक मील में कितने इंच होते हैं? अगर उन्होंने मीलों का रास्ता मापा है तो फिर एक मील का माप तो वे आसानी से बता देंगे।

बौएट : अगर इधर आने में आपने बहुत मीलों का रास्ता पार किया है तो राजकुमारी आपसे पूछती हैं कि एक मील में कितने इंच होते हैं?

बैरोने : उनसे कह देना कि हम उन्हें थके हुए कदमों से ही मापते हैं।

बौएट : वे स्वयं ही सुन रही हैं।

रोज़ालिन : कितने थके हुए कदम एक मील के रास्ते में होते हैं?

बैरोने : आपके लिए जिसका व्यय हम करते हैं उसको हम नहीं नापते। हमारा कर्तव्य तो इतना ऊँचा और असीम है कि बिना किसी तरह का हिसाब रखे हुए भी हम उसको पूरा कर सकते हैं। अब अपने

सूर्य की आभा वाले चेहरे को दिखाइए, जिससे जंगली मनुष्यों की तरह हम उसकी पूजा न कर सकें।

रोज़ालिन : मेरा चेहरा तो केवल एक चाँद है और उसको भी बादलों ने ढाँप रखा है।

सम्राट् : उन बादलों का भी सौभाग्य है कि उन्हें ऐसा करने का अवसर मिला है। चमकीले और सुन्दर चाँद! अब तो निकल आओ और बादलों के हट जाने पर अपने नयन-तारों को हमारी पनीली आँखों में चमकने दो।

रोज़ालिन : व्यर्थ की प्रार्थना करनेवाले श्रीमान! कुछ और अधिक माँगिए। आप तो इस समय पानी में चाँदनी के लिए प्रार्थना कर रहे हैं!

सम्राट् : तो फिर एक बार फिरकर, मेरे साथ नाच लीजिए। आपने माँगने के लिए कहा है, इसलिए मेरे विचार से यह माँगना विचित्र तो नहीं है।

रोज़ालिन : अच्छा तो फिर गाना होने दो। लेकिन शीघ्र समाप्त कर दीजिए इसको। अभी नहीं, कोई नाच नहीं होगा। इस तरह मैं चन्द्रमा के समान बदलकर, फिर जाती[1] हूँ।

सम्राट् : क्या आप नहीं नाचेंगी? इस तरह आप कैसे फिर गईं?

रोज़ालिन : आपने तो चन्द्रमा को पूरा समझा था लेकिन अब उसका आकार बदल गया है, फिर गया है।

सम्राट् : लेकिन आप तो अभी तक चन्द्रमा-सी हैं और मैं एक हूँ। गाना हो रहा है, इसपर कुछ नाचिए न?

रोज़ालिन : अपने कान लगा रखे हैं मैंने इसकी तरफ।

सम्राट् : लेकिन इसके साथ तो आपके पैर चलने चाहिए।

---

1. Change : इस शब्द पर 'पन' का प्रयोग होता है। इसका अर्थ है–फिर जाना या बदल जाना। नाच के साथ फेरे से इसका अर्थ स्पष्ट होता है और बाद में फिर जाना यानी बदल जाने से अर्थ स्पष्ट होता है।

रोज़ालिन : चूँकि आप अपरिचित व्यक्ति हैं और यहाँ अकस्मात् ही आ गए हैं, हम आपके लिए अच्छी साबित नहीं होंगी। लीजिए हाथ मिलाइए, हम नहीं नाचेंगी।

सम्राट् : तो फिर हाथ किसलिए मिलाऊँ?

रोज़ालिन : एक-दूसरे से बिछुड़ने के लिए। बस श्रीमान! यही हमारा सौहार्द है और इस तरह यह नाच समाप्त होता है।

सम्राट् : चाहे यह अच्छा न हो, लेकिन इस तरह का ही नाच और नाचिए।

रोज़ालिन : किसी भी कीमत पर हम इससे अधिक नहीं कर सकतीं।

सम्राट् : आप स्वयं अपनी कीमत जानती हैं! आपका सहवास किस तरह से प्राप्त हो सकता है?

रोज़ालिन : आपकी अनुपस्थिति से ही।

सम्राट् : वह कभी नहीं हो सकता।

रोज़ालिन : तो फिर हम किसी तरह से प्राप्त भी नहीं की जा सकतीं। अच्छा विदा। दो बार तो आपके बनावटी चेहरे के लिए और आधी बार आपके लिए मेरी नमस्ते।

सम्राट् : अगर आप नाचने के लिए मना करती हैं तो फिर आइए बैठकर और अधिक बातें करें।

रोज़ालिन : अकेले में।

सम्राट् : यह तो बड़ी प्रसन्नता की बात है।

बैरोने : श्वेत हाथ वाली श्रीमती! आपसे केवल एक अच्छा मीठा वचन कहना चाहता हूँ मैं।

राजकुमारी : शहद जैसा, या दूध जैसा, या शक्कर जैसा? बताइए, ये तीनों ही मीठे होते हैं।

बैरोने : तो फिर तीन पासे फेंकिए और अगर आप इतनी अच्छी बनती हैं, तो तीनों तरह की शराब, मैथेग्लिन, वर्ट और मैम्से मँगा दीजिए। यह पासे का खेल अच्छा चला! यही आधी दर्जन मिठाइयाँ हैं?

राजकुमारी : सातवीं मिठाई है विदा। क्योंकि आप धोखा दे सकते हैं, इसलिए मैं आपके साथ अब और अधिक नहीं खेलूँगी।

बैरोने : बस अकेले में एक शब्द।

राजकुमारी : लेकिन यह मीठा न होना चाहिए।

बैरोने : आप तो मेरे साथ कठोरता दिखाकर मुझे दुःखी करती हैं।

राजकुमारी : कठोरता और वैमनस्य तो बुरी चीज़ें हैं।

बैरोने : इसलिए कहता हूँ, एकान्त में मिल लीजिए।

ड्यूमेन : क्या आप मुझे आपसे एक शब्द कहने-सुनने की आज्ञा देंगी?

मेरिया : क्या कहना है? नाम बताओ उस शब्द का।

ड्यूमेन : सुन्दरी देवी!

मेरिया : क्या आप ऐसा कहते हैं श्रेष्ठ लॉर्ड? इसे तो आप अपनी सुन्दरी पत्नी के लिए ही प्रयोग करिए।

ड्यूमेन : कृपा करके इतना एकान्त में ही सुन लीजिए, फिर मैं आपसे विदा लेकर चला जाऊँगा।

कैथराइन : क्या आपके इस बनावटी चेहरे पर जीभ नहीं लगाई गई है?

लौंगेविले : श्रीमती! मैं इसका कारण जानता हूँ कि आप यह क्यों पूछ रही हैं।

कैथराइन : अवश्य श्रीमान! शीघ्र बताइए, मैं इसके लिए लालायित हूँ।

लौंगेविले : अपने चेहरे में आपके पास दो जीभ हैं, उसमें से कम से कम एक जीभ तो आप मेरे इस गूँगे चेहरे को दे ही दीजिए।

कैथराइन : डचमैन बॉच्छा[1] कहता है। क्या बॉच्छा गाय के बछड़े को नहीं कहते?

लौंगेविले : एक बछड़े को सुन्दरी?

---

1. Veal : यहाँ डचमैन के उदाहरण का मज़ाक बनाया गया है। वह well को veal कहकर बोलता है, उसी veal शब्द पर पन का प्रयोग किया जाता है। उसके दो अर्थ हैं—(1) अच्छा (2) गाय का बछड़ा। हमने बहुत अच्छा का उच्चारण 'बॉच्छा' शब्द के द्वारा कराकर बॉच्छा और बछड़ा का तार जोड़ा है।

कैथराइन : नहीं, एक श्रेष्ठ लॉर्ड बछड़े को!

लौंगेविले : देखिए, इन तीखे मज़ाकों में आप किस तरह अपने-आपको परेशान कर रही हैं। क्या आप किसी के सींग लगवाएँगी सच्चरित्र देवी? ऐसा मत करिए।

कैथराइन : तो फिर इससे पहले कि आपके सिर पर सींग उगना शुरू हो, आप बछड़े ही रहकर मर जाइए।

लौंगेविले : मेरे मरने से पहले एकान्त में एक शब्द सुन लीजिए।

कैथराइन : अच्छा तो धीरे मिमियाओ। कसाई तुम्हारी आवाज़ को सुन रहा है।

बौएट : दूसरों का मज़ाक बनानेवाली स्त्रियों की जीभें तो उस्तरे की ऐसी धार की तरह पैनी होती हैं, जो दिखाई भी नहीं देतीं। वह ऐसे बाल को भी चीर सकती हैं जो दिखाई भी नहीं पड़े। उनमें पूरी अक्लमन्दी भी होती है। ऐसा लगता है कि उनका मिलना और उनका यह वाक्चातुर्य पंख रखता है, जो बाणों, गोलियों, हवा और विचार-प्रवाह से भी अधिक तेज़ जा सकता है।

रोज़ालिन : बस अब एक शब्द भी अधिक मत बोलना, सखियो! चलो, छोड़ चलो यहाँ से।

बैरोने : भगवान की सौगन्ध, सभी इस मज़ाक से बुरी तरह हार गए हैं।

सम्राट् : पागल स्त्रियो! विदा! आप लोगों के पास तो केवल वाक्चातुर्य के सिवा और कुछ है ही नहीं।

(सम्राट तथा सरदारों और काले मूरों का प्रस्थान)

राजकुमारी : मेरे बर्फ की तरह जमे हुए कठोर मॉस्को-वासी! बीस बार विदा! क्या यही आश्चर्यचकित कर देने वाला आपका वाक्चातुर्य और उसका परिणाम है?

बौएट : वे तो दीपक की तरह हैं जो आपके मधुर श्वासों से बुझ जाएँगे।

रोज़ालिन : अच्छा वाक्चातुर्य है इनका! बहुत नीचे दर्जे का; बड़ा ही खराब और मोटी तरह का।

राजकुमारी : ओ! वाक्चातुर्य में कमज़ोर, ये राजसी परिवार के गरीब आदमी मज़ाक करते हैं! क्या तुम्हारे विचार से आज रात को स्वयं को फाँसी पर नहीं लटका लेंगे? या कभी भी अगर इन्होंने अपनी शक्ल दिखाई तो ये बनावटी चेहरा लगाकर ही दिखाएँगे? यह बहुत चतुर बननेवाला बैरोने तो पूरी तरह झेंप गया था।

रोज़ालिन : उन सबकी हालत खराब थी। सम्राट तो एक मीठे शब्द के लिए रोनेवाले ही थे।

राजकुमारी : बैरोने ने तो सौगन्ध खा ली थी कि वह अब किसी से भी प्रेम नहीं करेगा।

मेरिया : ड्यूमेन तो मेरी आज्ञा में था और उसकी तलवार भी मेरे इशारे पर चलती थी। जब मैं कहती—कोई बात नहीं, तो उसी समय मेरा आज्ञापालक सेवक चुप हो जाता था।

कैथराइन : लौंगेविले कहता था कि मैं उसके हृदय के ऊपर अपना स्वत्व जमा चुकी हूँ, और जानती हो उसने क्या कहा था मुझसे?

राजकुमारी : शायद बीमार कहा था।

कैथराइन : बिलकुल, यही तो।

राजकुमारी : जाओ, ओ बीमारी! दूर हट जाओ।

रोज़ालिन : जो अच्छे वाक्चतुर और अक्लमन्द आदमी होते हैं वे चपटी ऊनी टोपियाँ पहनते हैं, लेकिन क्या तुम सुनोगी? सम्राट् ने मुझसे अपने प्रेम की शपथ खा ली है।

राजकुमारी : और उस उतावले बैरोने ने मुझसे अपने प्रेम की सौगन्ध खाई है।

कैथराइन : लौंगेविले ने तो जन्म ही मेरी सेवा करने के लिए लिया है।

मेरिया : जैसे एक पेड़ पर छाल होती है, उसी तरह ड्यूमेन मेरा है।

बौएट : श्रीमती और तुम सभी सुन लो कि अपनी सही शक्ल में वे कुछ ही क्षणों में यहाँ आ जाएँगे, क्योंकि यह कभी नहीं हो सकता कि वे इस अपमान को सह पाएँगे।

राजकुमारी : क्या वे लौटेंगे?

बौएट : अवश्य, अवश्य, परमात्मा जानता है। यद्यपि वे चोट खाकर लंगड़े हो गए हैं, फिर भी खुशी से तुम तो अपने मन में फूल लो। इसलिए अपना-अपना चेहरे का लगाव बदल लो और जब वे फिर आएँ तो गुलाब के मधुर फूलों की तरह इस ग्रीष्म ऋतु की वायु में खिल उठना।

राजकुमारी : कैसे खिलना? कैसे खिलना? समझाओ अपनी बात।

बौएट : सुन्दरियाँ जब अपने चेहरे पर नकली चेहरा चढ़ा लेती हैं, तो वे गुलाब के उन फूलों की तरह होती हैं, जिनकी कलियाँ अभी तक फटी नहीं हो। नकली चेहरा हटा देने के पश्चात् उनका हल्के लाल और सफेद रंग का चेहरा ऐसा सुन्दर लगता है मानो बादलों को हटाकर देवदूतों की सुन्दर आभा उसपर आ गई हो या वह एक खिला हुआ गुलाब के फूल जैसा हो।

राजकुमारी : तो फिर यह सोचकर अपनी परेशानी दूर करो कि अगर वे अपनी सही शक्ल में ही प्रेम करने लौटकर आएँ तो हम क्या करेंगी?

रोज़ालिन : श्रीमती! यदि आप मेरी सम्मति मानें तो अभी भी हमें उन्हें अपने नकली वेश में ही मानकर उनकी खिल्ली उड़ानी चाहिए। हम उनसे यह शिकायत करेंगी कि कैसे बेवकूफ यहाँ आ गए हैं, जो मॉस्को-वासियों की तरह बेतुकी पोशाक पहनकर अपने-आपको छिपाए हुए हैं। और अत्यन्त आश्चर्य करती हुई हम उनके प्रति कौतूहल दिखाएँगी और उनसे उनका परिचय पूछकर यह पूछेंगी कि उन्होंने अपने इस भद्दे-से बनावटी वेश को किस तात्पर्य से धारण किया है और क्यों ऐसी बुरी भूमिका बाँधकर वे अपने उपहासास्पद भद्दे और बुरे वेश को दिखाने के लिए हमारे खेमे तक आए हैं।

बौएट : श्रीमती! हट जाइए पीछे। वीर पुरुष निकट ही आ गए हैं।

राजकुमारी : जिस वेग से अण्डा ज़मीन पर भागता है उसी वेग से चलो, अपने खेमे में चलें।

(प्रस्थान)

(सम्राट् तथा अन्य लोगों का प्रवेश)

सम्राट् : श्रीमान! मैं आपकी मंगल कामना करता हूँ। राजकुमारी कहाँ हैं?

बौएट : अपने खेमे में चली गई हैं। उनके लिए श्रीमान की जो आज्ञा हो, मुझसे कहें।

सम्राट् : यही, कि केवल एक शब्द कहने के लिए मैं उनसे मिलना चाहता हूँ।

बौएट : जो आज्ञा। राजकुमारी अवश्य आपकी इच्छा पूर्ण करेंगी, यह मैं जानता हूँ श्रीमान!

(प्रस्थान)

बैरोने : जैसे कबूतर अपने साथ मटर के दाने लादकर चलते हैं उसी तरह यह आदमी भी वाक्चातुर्य को अपने सिर पर लादकर चलता है और फिर जब भी मौका होता है उसका प्रदर्शन करता है। यह शब्द और वाक्यों का एक फेरीवाला है और बाज़ार, सभा, मेले, उत्सव, समारोह आदि सभी जगह अपना माल बेचता फिरता है। परमात्मा जानता है कि हम जो इसका ही थोक व्यापार करते हैं, कभी भी ऐसे दिखावे के साथ इसको नहीं बेचते। यह बहादुर तो स्त्रियों को अपनी कुहनी से सटाकर मानो बाँध लेता है। अगर यह आदम होता तो सचमुच ईव को अपने वश में कर लेता। यह तो हर तरह का कौशल दिखाकर बोल भी लेता है। यही तो है, जिसने सौहार्द दिखाने के लिए अपना हाथ चूमा था। यह तो फैशन का गुलाम और नकलची है श्रीमान! क्योंकि जब यह बिलियर्ड वगैरह कोई भी खेल मेज़ पर बैठकर खेलता है, तो पासे के खेल को बड़ी अच्छी ज़बान में बुरा कहता है। गाना भी वह बहुत बुरा गाता है। उन सुन्दरियों की देखभाल के लिए, जो भी उसे सुधार सके सुधारे! वे तो उसे प्रिय और मधुर कहकर पुकारती हैं। सीढ़ियाँ, जिनपर वह चलता है, उसके पैर चूमती हैं। यह एक ऐसा फूल है जो ह्वेल मछली की हड्डी के से अपने

सफेद दाँत दिखाकर प्रत्येक पर मुस्कराता है। जो व्यक्ति किसी प्रकार का ऋण लेकर नहीं मरना चाहते, वे उस मीठी ज़बान वाले बौएट का ऋण चुका कर जाते हैं।

सम्राट् : सच कहता हूँ, उसकी इस मीठी ज़बान पर फोड़ा हो जाए जिससे उसने आर्मेडो के उस सेवक को हरा दिया।

(महिलाओं का प्रवेश)

बैरोने : देखिए, वह आ रहा है। ओ व्यवहार-कौशल! इस आदमी के द्वारा प्रदर्शन पाने से पहले तू क्या था? और अब क्या है?

सम्राट् : श्रीमती को सभी का अभिनन्दन।

राजकुमारी : सभी के अभिनन्दन में सौंदर्य कुरूपता में बदल जाता है। मेरा तो ऐसा ही विचार है।

सम्राट् : अगर आप कर सकें तो मेरी बात को और अच्छी तरह समझने का प्रयत्न करिए।

राजकुमारी : तो फिर मेरे प्रति शुभकामनाएँ दे दीजिए। बस, फिर विदा।

सम्राट् : हम तो आपसे मिलने आए थे श्रीमती! हम आपको अपने नगर के भीतर अपने महल में ले जाना चाहते हैं। हमारी प्रार्थना स्वीकार कर लीजिए।

राजकुमारी : इसी मैदान में रहेंगी हम तो; आप अपनी प्रतिज्ञा रखिए। न तो परमात्मा और न मैं ही इस तरह के प्रतिज्ञाभ्रष्ट आदमियों को अच्छा समझते हैं।

सम्राट् : जिसके लिए आपने मुझे स्वयं प्रेरित किया है, उसी के लिए मुझे बुरा मत कहिए। आपकी आँखों में यह गुण है कि इसी कारण मैंने अपनी प्रतिज्ञा तोड़ दी है।

राजकुमारी : गुण नहीं दोष कहना चाहिए था आपको, क्योंकि गुण तो कभी भी किसी को अपने वचन से पतित होने के लिए प्रेरित नहीं करता। अब मैं अपने इस सम्मान के बल पर कहती हूँ, जो पूरी तरह पवित्र है, कि चाहे दुनिया-भर की आपत्तियाँ सहन कर लूँगी,

लेकिन आपके घर जाकर आपकी अतिथि बनना स्वीकार नहीं करूँगी। पूरी दृढ़ता और विश्वास के साथ ईश्वर को साक्षी बनाकर जो प्रतिज्ञाएँ की जाती हैं, उनको तोड़ने वालों से मुझे बहुत घृणा है।

सम्राट् : धिक्कार है हमें कि आप इस निर्जन स्थान में अकेली रहीं और किसी ने आपकी देखभाल नहीं की!

राजकुमारी : नहीं, यह बात नहीं है श्रीमान! हमने यहाँ अनेक प्रकार के मनोरंजन में अपना समय बड़ी प्रसन्नता के साथ बिताया है। रूसियों का एक पूरा टोला अभी-अभी तो यहाँ से गया है।

सम्राट् : यह कैसे श्रीमती? रूसी?

राजकुमारी : जी हाँ श्रीमान! सच कहती हूँ मैं। अच्छी शक्ल-सूरत और बड़े ही श्रेष्ठ व्यवहार वाले वीर पुरुष थे।

रोज़ालिन : सच बताइए न श्रीमती? श्रीमान! यह बात नहीं है। मेरी सखी तो समय के शिष्टाचार के नाते, सौहार्द दिखाती हुई, उनकी इतनी प्रशंसा कर रही हैं, जिसके अधिकारी वे नहीं हैं। चार रूसी यहाँ हमसे आकर मिले थे। एक घण्टे तक वे यहीं ठहरे थे और बातचीत करते रहे थे। उस एक घण्टे के बीच श्रीमान्, उन्होंने हमारे प्रति एक भी शब्द अच्छा नहीं कहा। मैं उनको मूर्ख कहने का साहस तो नहीं करती, लेकिन इतना अवश्य सोचती हूँ कि जब मूर्खों को प्यास लगती है तो इस तरह दिखाते हैं मानों उनको प्यास ही नहीं है।

बैरोने : यह मज़ाक मुझे बड़ा नीरस लगता है। सुन्दरी! आपकी बुद्धि तो बुद्धिमत्तापूर्ण वस्तुओं को भी मूर्खतापूर्ण बना देती है। जब हम अपनी अच्छी साफ आँखों से दिव्य आभा से व्याप्त सूर्य को देखते हैं, तो उस आभा से हमारी आँखों की आभा नष्ट हो जाती है। आपकी भी ऐसी ही सामर्थ्य है कि बुद्धिमत्तापूर्ण वस्तुएँ तो मूर्खतापूर्ण लगने लगती हैं और मूल्यवान वस्तुएँ निम्न कोटि की लगती हैं।

रोज़ालिन : तो इससे सिद्ध हुआ कि आप बुद्धिमान और धनी हैं। क्योंकि मेरी दृष्टि में...

बैरोने : मैं तो एक मूर्ख हूँ और पूरी तरह अभावग्रस्त हूँ।

रोज़ालिन : तो फिर जो आपका है उसे आप ही लीजिए। मुझे बोलने के बीच में रोक देना तो बुरी बात है।

बैरोने : ओ, मेरी सारी सम्पत्ति पर और मुझपर आपका अधिकार है।

रोज़ालिन : पूरे मूर्ख पर मेरा अधिकार है।

बैरोने : इससे कम मैं आपको नहीं दे सकता।

रोज़ालिन : कौन-सा चेहरा आपने अपनी शक्ल पर चढ़ाया था?

बैरोने : कहाँ? कब? कैसा चेहरा? इसे आप क्यों पूछती हैं?

रोज़ालिन : कहाँ, उस समय, वह नकली चेहरा जिससे आपकी बुरी शक्ल छिप गई थी और उसकी जगह वह अच्छा चेहरा आ गया था।

सम्राट् : अरे, हमको तो पहचान लिया गया है! अब तो ये खूब खुलकर हमारा मज़ाक बनाएँगी।

ड्यूमेन : हमें इसे स्वीकार करके मज़ाक बना देना चाहिए।

राजकुमारी : श्रीमान को इतना आश्चर्य कैसे हो रहा है? आप इतने चिन्तित क्यों दिखाई दे रहे हैं?

रोज़ालिन : अरे, इनका सिर थाम लो! ये कुछ बोलेंगे। क्यों श्रीमान! आप इतने पीले क्यों दिखाई दे रहे हैं? मेरे विचार से मॉस्को से यहाँ तक की समुद्री यात्रा की परेशानी चढ़ी हुई है आप पर?

बैरोने : तो इस प्रतिज्ञा-भंग के लिए आकाश के तारे हमारे ऊपर अभिशाप गिरा रहे हैं! क्या एक पीपल का चेहरा भी इस स्थिति का अधिक देर तक सामना कर सकता है? मैं यहाँ खड़ा हो जाता हूँ श्रीमती! अब मुझपर आप अपनी सारी चतुराई को दिखा लीजिए। मेरी खिल्ली उड़ाकर मेरे हृदय को आघात पहुँचा लीजिए और चाहे किसी भी तरह के मज़ाक से मुझे परेशान कर लीजिए। मैं अबोध बन जाता हूँ। अब आप अपना पूरा शब्दचातुर्य और बुद्धि का छल दिखा

लीजिए। अपनी बातों के तीखेपन से मुझे क्षार-क्षार कर डालिए; मैं फिर कभी भी, न तो आपसे नाचने के लिए कहूँगा और न रूसी तरीके से कभी आपकी सेवा में उपस्थित होऊँगा।

ओ! फिर मैं कभी लिखित बातों पर विश्वास नहीं करूँगा और न एक स्कूल में पढ़नेवाले लड़के की-सी वाणी में किसी प्रकार का विश्वास रखूँगा, न कभी किसी अपने मित्र के पास नकली चेहरा लगाकर आऊँगा और न एक हार्प बजानेवाले अन्धे आदमी के गीत की तरह कभी गत लिखकर प्रेम करने का प्रयत्न करूँगा। बहुत ही चमकदार वाक्य, बड़े ही चिकने और खूबसूरत शब्द, एक पूरा शब्द-जाल, लम्बे और मुश्किल शब्द, अपनी विद्वत्ता दिखाने के लिए अस्वाभाविक भाषा का प्रयोग—अपनी इस सनक का प्रदर्शन करता रहा हूँ मैं अब तक। अब मैं उस सबको छोड़ता हूँ और यह निश्चय करता हूँ : यह सफेद दस्ताना, परमात्मा जाने कितना सफेद है, इसका साक्षी है कि अब से आगे मैं अपने प्रेम का प्रदर्शन पूरी स्वाभाविकता के साथ सरल और स्वाभाविक शब्दों में किया करूँगा।

परमात्मा मेरी रक्षा करे! श्रीमती, मैं पहले आपसे ही प्रारम्भ करता हूँ। आपके प्रति मेरा प्रेम दृढ़ और पूरी तरह निर्मल है—दोष-विहीन!

रोज़ालिन : विहीन, विहीन, यह क्या है? कृपया बताइए।

बैरोने : अभी तक भी पुरानी आदत से एकाध शब्द आ ही जाता है। ओह! क्षमा करिए, मुझे बड़ा दुःख है। धीरे-धीरे मैं इस आदत को पूरी तरह छोड़ दूँगा। ठहरिए, देखें तो। इन तीनों पर तो 'परमात्मा हमारे ऊपर दया करे'[1] यह लिख देना चाहिए। ये तो रोगग्रस्त हैं। आपकी आँखों से ही इनको यह प्लेग का रोग लग गया है। इन सरदारों के अलावा, आप भी तो इससे बची हुई नहीं हैं, क्योंकि अपने प्रेमियों की भेंटें मैं आपके पास देख रहा हूँ।

1. Lord have mercy on us इंग्लैण्ड में सन् 1592-93 में जो प्लेग फैली थी उस समय उन घरों के दरवाज़ों पर, जिनके अन्दर प्लेगग्रस्त लोग थे, ये शब्द—'परमात्मा हमारे ऊपर दया करे!' लिख दिए गए थे।

राजकुमारी : नहीं, जिन्होंने हमें ये भेंटें दी थीं, वे सभी प्रकार के रोगों से अलग थे।

बैरोने : हमारी सत्ता हमसे छिन चुकी है, अब आप इस तरह हमें बरबाद मत करिए।

रोज़ालिन : यह बात नहीं है, क्योंकि यह सत्य कैसे हो सकता है कि आप मेरे प्रेमी होकर अपनी सत्ता को छिना हुआ समझते हैं?

बैरोने : ठहरिए बस अब शान्त रहिए, मुझे आपसे कुछ भी सम्बन्ध नहीं रखना है।

रोज़ालिन : हाँ ठीक है, अगर जैसा मेरा इरादा है, मैं वैसा ही करने लगूँ, वो फिर आप सम्बन्ध नहीं ही रखेंगे।

बैरोने : स्वयं बोलती जाइए, बस मेरी बुद्धि तो समाप्त हो चुकी है।

सम्राट् : प्रिय सुन्दरी! हमने जिस प्रकार धृष्टता के साथ मर्यादा का उल्लंघन किया है, उसके लिए हमें कोई बचने का उपाय बताइए।

राजकुमारी : सबसे अच्छा तो अपने अपराध को स्वीकार कर लेना है। बताइए क्या आप अभी ही यहाँ अपने वेश बदलकर नहीं खड़े थे?

सम्राट् : श्रीमती! मैं अवश्य इसी प्रकार खड़ा था।

राजकुमारी : और क्या आपको इसके लिए किसी ने राय दी थी?

सम्राट् : हाँ, श्रीमती!

राजकुमारी : अच्छा, तो जब आप यहाँ थे तो आपने अपनी प्रिया के कान में क्या कहा था?

सम्राट् : यही कि दुनिया में सबसे अधिक मैं उनका सम्मान करता हूँ।

राजकुमारी : यदि वह इसको चुनौती दे तो आप उसको छोड़ देंगे?

सम्राट् : नहीं, मैं शपथ खाकर कहता हूँ ऐसा नहीं होगा।

राजकुमारी : शान्त, शान्त, इसे छोड़ दीजिए। एक बार अपनी शपथ तोड़कर फिर दूसरी बार भी शपथ तोड़ने में आपको तनिक भी संकोच नहीं होगा।

सम्राट् : अगर मैं अपनी इस शपथ को तोड़ दूँ तो मुझसे घृणा करना।

राजकुमारी : अवश्य घृणा करूँगी, इसलिए रखिए अपनी इस शपथ को। रोज़ालिन! रूसी सज्जन ने तुम्हारे कान में क्या कहा था?

रोज़ालिन : श्रीमती! वे शपथ खाकर कहने लगे कि वे तो मुझे अमूल्य नयन-ज्योति के बराबर प्रिय समझते हैं और इस संसार से कहीं अधिक मेरा सम्मान करते हैं, इसके साथ यह और जोड़ दिया था उन्होंने कि या तो वे मुझसे शादी करेंगे नहीं तो इस दुनिया में जीवित नहीं रहेंगे।

राजकुमारी : परमात्मा तुम्हें उनका सुख प्रदान करे! श्रेष्ठ सरदार पूरे विश्वास और सम्मान के साथ अपने वचन को निबाहते हैं।

सम्राट् : आपका क्या मतलब है श्रीमती? मैं सच अपनी सौगन्ध खाकर कहता हूँ कि मैंने इस श्रीमती के सामने कभी इस तरह शपथ नहीं ली।

रोज़ालिन : भगवान साक्षी है, आपने ली थी और इसकी पुष्टि के लिए आपने मुझे यह दिया था। अब श्रीमान, इसको वापस ले लीजिए।

सम्राट् : लेकिन मैं तो पूरे विश्वास के साथ कहता हूँ कि मैंने यह तो राजकुमारी को दिया था। उनकी बाँह पर रत्न को देखकर ही तो मैं उनको पहचानता था।

राजकुमारी : मुझे क्षमा करिए श्रीमान! इस रत्न को तो इन्होंने पहन रखा था और मैं तो लॉर्ड बैरोने को धन्यवाद देती हूँ, वे ही मुझे प्रिय हैं। क्या? आप मुझे प्राप्त करना चाहते हैं? या अपना मोती वापस माँग रहे हैं?

बैरोने : कुछ भी नहीं। मैं तो दोनों का परित्याग करता हूँ। इस पर खेली गई चाल को मैं जान गया हूँ। हमारी चाल का पहले से पता लगाकर आप लोगों ने यह मिलकर निश्चय कर लिया था कि हमारे खेल को एक क्रिसमस सुखान्त नाटक की तरह बनाकर इसकी खिल्ली उड़ाई जाए। किसी इधर से उधर बात ले जानेवाले ने, या किसी खुशामदी ने, या किसी घृणित दास ने, या किसी चुपचाप पहुँचाने

वाले ने, या अधीनता में रहनेवाले किसी साहसी मनुष्य ने, या किसी ऐसे डिक ने जो अपने गालों पर झुर्रियाँ डालते हुए मुस्कराता है और मेरी श्रीमती को उस समय प्रसन्न करने की तरकीब जानता है, जिस समय वे कुछ विक्षिप्त-सी हो जाती हैं, इनमें से किसी ने आकर पहले से ही हमारे इरादे खोल दिए हैं। उनके खुल जाने से सभी स्त्रियों ने आपस में अपना रूप परिवर्तन कर लिया और हम अपनी पुरानी पहचान के अनुसार ही अपनी प्रेयसी समझकर दूसरी से अपना प्रेम दिखाने लगे। अब इस प्रतिज्ञा-भंग का और भी अधिक दुःख हमारे हृदय पर छा गया है, क्योंकि कुछ इरादतन और कुछ इस भूल में, फिर हमारी दूसरी शपथ भी भंग हो गई है। इसी कारण ये सब कुछ हुआ है। अगर आप हमारी चाल को पहले से ही जान पातीं, तो हम फिर उतने झूठे सिद्ध नहीं होते। और क्या आप इस तरह मुझसे खुलकर मज़ाक नहीं कर रहे हैं? और क्या आप श्रीमान! उनकी पीठ और आग के बीच खड़े होकर हमारा मज़ाक नहीं बना रहे हैं? आपने हमारे अनुचर लड़के को हटाकर भगा दिया। जाइए, आपको तो इस बेवकूफी की छूट है। जब जी में आए मर जाइए, आपके ऊपर कफ़न तो धुएँ का ही होगा। क्या आप मेरी ओर इस तरह उपहास भरी मुद्रा से देख रहे हैं? आँख की मार एक भौंटी तलवार की मार के बराबर होती है।

बौएट : यह सारी घुड़दौड़ बहुत अच्छी तरह से खत्म हो गई।

बैरोने : अरे देखिए, वह तो सीधा अपनी सरपट चाल में बढ़ा चला आ रहा है। ठहरो, मेरा काम तो पूरा हो गया।

(विदूषक का प्रवेश)

विशुद्ध वाक्चातुर्य पूर्ण प्राणी! स्वागत है! तुमने आकर यह झगड़ा खत्म कर दिया है।

विदूषक : श्रीमान! वे यह जानना चाहते हैं कि तीन रत्नों को अन्दर आने की आज्ञा है या नहीं।

बैरोने : क्या वे केवल तीन ही हैं?

विदूषक : जी नहीं श्रीमान! यह तो बहुत अच्छा है। हर एक तीन-तीन भेंट रखता है।

बैरोने : तो तीन का तिगुना तो नौ हो गया?

विदूषक : नहीं श्रीमान! गलती सुधारिए। नहीं, मेरे ख्याल से ऐसा नहीं है। आप हमको बेवकूफ नहीं ठहरा सकते श्रीमान। क्योंकि मैं आपको विश्वास दिलाता हूँ कि जो कुछ हम जानते हैं, उसे हम जानते हैं। मेरा ख्याल है श्रीमान, कि तीन के तिगुने...

बैरोने : नौ नहीं होते?

विदूषक : गलती ठीक करिए श्रीमान! हम जानते हैं कि कहाँ तक यह संख्या पहुँचती है!

बैरोने : भगवान की सौगन्ध! मैं तो हमेशा से तीन का तिगुना नौ ही जानता हूँ।

विदूषक : श्रीमान! यह तो बड़े खेद की बात है कि आप इस तरह गिरकर अपनी जीविका अर्जित करते हैं।

बैरोने : कितना होता है फिर?

विदूषक : श्रीमान! वे पार्टी और वे अभिनेता स्वयं बता देंगे कि कहाँ तक यह ठीक संख्या होती है। मेरा काम तो श्रीमान, उनके कहने के अनुसार किसी मूर्ख को पूरा मूर्ख बना देना है। मैं तो श्रीमान! पोम्पियन[1] महान बनूँगा।

बैरोने : क्या तुम भी उन योग्य रत्नों में से एक हो?

विदूषक : उन्होंने मुझे तो महान पोम्पे के योग्य समझा है। वैसे मैं यह तो जानता नहीं कि कौन योग्य रत्न समझा जाता है, लेकिन मुझे

---

1. Pompion : विदूषक Pompey की जगह Pompion कह जाता है, जिसका अर्थ है कद्‌दू या लौकी।

उसका अभिनय करना है।

बैरोने : जाओ, उन्हें तैयार होने के लिए कह दो।

विदूषक : श्रीमान! हम बहुत अच्छी तरह इस खेल को करेंगे, सावधानी के साथ काम किया जाएगा।

(प्रस्थान)

सम्राट् : बैरोने! वे तो हमें लज्जित करेंगे, इसलिए उनको यहाँ आने ही न दो।

बैरोने : मेरे स्वामी! हम लज्जा के लिए तो इतने कठोर हैं, कि यह कहीं से भी हमारे भीतर घुस ही नहीं सकती। सम्राट् और उनके साथियों के खेल से भी बुरा खेल रचना एक चाल ही है।

सम्राट् : मैं कहता हूँ, वे नहीं आने चाहिए।

राजकुमारी : मेरे अच्छे लॉर्ड! अब मैं आपके ऊपर आवश्यकता से अधिक शासन रखूँगी। जो अभिनेता कुछ भी अभिनय करना नहीं जानते हैं, उनका खेल सबसे अधिक दिलचस्प होता है। वहाँ तो उन अभिनेताओं के जोश से ही लोग खुश हो जाते हैं और विषयवस्तु तो पूरी तरह उस जोश के नीचे दब जाती है। बिना अभ्यास के जो वे खराब-सा और बेकार चक्कर में डाल देनेवाला अभिनय करते हैं, उसी से लोग सबसे अधिक आनन्द प्राप्त करते हैं; जब कि जिन चीज़ों को बड़ा अभ्यास और परिश्रम करके तैयार किया जाता है, वे शुरू में ही खत्म हो जाती हैं।

बैरोने : श्रीमान! हमारे खेल के विषय में यह बात ठीक कही गई है।

(आर्मेडो का प्रवेश)

आर्मेडो : सुगन्धिमयी! मैं आपकी मधुर श्वासों के बीच से निकलते कुछ शब्दों के लिए इच्छुक हूँ।

(आर्मेडो सम्राट् से अलग से कुछ कहता है और उसे एक पत्र देता है)

राजकुमारी : क्या यह आदमी भी इस दुनिया में रहता है?

बैरोने : क्यों! ऐसा क्यों पूछती हैं आप?

राजकुमारी : यह बोलता तो बिलकुल अलग तरह से है। इस पृथ्वी पर मैंने किसी को भी ऐसे बोलते नहीं सुना।

आर्मेडो : मेरी सुन्दर, मधुर और प्रिय स्वामिनी! यह तो सब एक ही बात है, क्योंकि मैं कहता हूँ कि स्कूल-मास्टर बहुत ही अजीब आदमी है। बहुत-बहुत ही दम्भी, बहुत-बहुत ही दम्भी है, लेकिन मैं इसको, जैसे कहा जाता है, वैसे ही कहता हूँ।

मैं अत्यन्त सम्मान के साथ आपको अभिवादन करता हूँ और आपके मस्तिष्क की शान्ति के लिए भगवान से प्रार्थना करता हूँ।

(प्रस्थान)

सम्राट् : यहाँ तो बड़े-बड़े रत्न इकट्ठे होनेवाले हैं। वह तो टॉय के हैक्टर का अभिनय करेगा, वह विदूषक महान पोम्पे बनेगा, नैथेनियल बनेगा एलैक्ज़ैंडर, आर्मेडो का अनुचर वह लड़का हरक्यूलीज़, होलोफर्नीज़ जूडाज़ मेकैबियस बनेंगे। अगर ये चार रत्न अपने पहले ही दृश्य में सफल हो जाते हैं यों फिर ये चारों अपने रूप बदलकर दूसरे पाँचों का खेल सामने पेश कर देंगे।

बैरोने : पहले ही दृश्य में पाँच अभिनेता हैं।

सम्राट् : आपको मालूम नहीं है। यह ऐसी बात नहीं है।

बैरोने : ढोंगी, ज्ञानी, दम्भी, वह अपढ़ पादरी, विदूषक और लड़का—पाँसे के खेल 'नोवम'[1] में फेंकने के पाँच पाँसों के अलावा सारी दुनिया में फिर आपको ऐसे पाँच कहीं नहीं मिल सकेंगे। हर एक को उसके पागलपन के साथ ही देखना होगा।

सम्राट् : जहाज़ चल पड़ा है। वह तेज़ी से इधर आ रहा है।

(विदूषक पोम्पे बनकर आता है)

विदूषक : मैं पोम्पे हूँ।

---

1. Novum : एक तरह का पाँसे का खेल (dice) होता है जिसमें नौ और पाँच पाँसे फेंके जाते हैं।

बैरोने : झूठ बोलते हो तुम, तुम वह नहीं हो।

विदूषक : मैं पोम्पे हूँ।

बौएट : तेन्दुए का सिर अपने घुटनों के ऊपर रखकर?

बैरोने : अरे वाह! पुराने मज़ाकिया दोस्त! खूब कहा। आओ हम लोग आपस में दोस्त हो जाएँ।

विदूषक : मैं पोम्पे हूँ, वह पोम्पे जिसके नाम के साथ बड़ा जुड़ा रहता है।

ड्यूमेन : बड़ा कि महान।

विदूषक : हाँ महान। पोम्पे जिसके आगे महान जुड़ा रहता है, वह पोम्पे महान जिसने प्रायः रणक्षेत्र में तलवार और ढाल लेकर शत्रु के छक्के छुड़ा दिए। इस किनारे-किनारे चलता हुआ मैं अकस्मात् यहाँ आ पहुँचा हूँ और अब फ्रांस की इस सुन्दरी के चरणों में अपने इन शस्त्रों को रखता हूँ। अगर श्रीमती यह कह दें कि पोम्पे इसके लिए धन्यवाद, तो मेरा काम पूरा हो चुका।

राजकुमारी : महान पोम्पे! बहुत धन्यवाद।

विदूषक : इसके योग्य मेरा काम नहीं है, लेकिन मेरे खयाल से मैंने पूरी तरह अपना पार्ट अदा किया है। बस 'महान' कहने में थोड़ी गलती कर गया था।

बैरोने : सच कहता हूँ, पोम्पे ने अपने-आपको सबसे अच्छा रत्न सिद्ध कर दिया था।

(नैथेनियल एलैक्ज़ैंडर का रूप बनाकर आता है)

नैथेनियल : जब इस संसार में मैं जीवित था तब इस सारे संसार का शासक था। पूर्व, पश्चिम, उत्तर और दक्षिण चारों तरफ मैंने अपनी विजय-पताका लहरा दी थी। मेरी यह ढाल स्पष्ट रूप से यह घोषणा कर रही है कि मैं एलैक्ज़ैंडर हूँ।

बौएट : तुम्हारी नाक ही बता रही है कि तुम वह नहीं हो, क्योंकि यह बहुत सीधी उठी हुई है।

बैरोने : तुम्हारी नाक में तो सुगन्धि भी नहीं आती।

राजकुमारी : विजेता हार गया है। अच्छा आगे बढ़ो, अच्छे एलैक्ज़ेंडर।

नैथेनियल : जब इस संसार में मैं भी जीवित था तो मैं इस सारे संसार का शासक था।

बौएट : बिलकुल ठीक। ठीक कहते हो तुम। तुम इस तरह ऐलैक्ज़ेंडर थे।

बैरोने : पोम्पे महान।

विदूषक : आपका सेवक और कौस्टर्ड!

बैरोने : इस विजेता को ले जाओ इस ऐलैक्ज़ैंडर को।

विदूषक : *(नैथेनियल से)* श्रीमान्! आपने तो विजेता ऐलिज़ैंडर को ही पराजित कर दिया। इसके लिए एलिज़ेंडर! तुमसे वह रंगीन कपड़ा[1] उतरवा लिया जाएगा और तुम्हारा वह शेर जो एक कुल्हाड़ी लेकर चौकी पर बैठा है, एजेक्स को दे दिया जाएगा। वह नवाँ रत्न होगा। अरे, एक विजेता होते हुए भी बोलते हुए डर रहे हो? शरम करके भाग जाओ यहाँ से ऐलिज़ेंडर! यही ठीक रहेगा तुम्हारे लिए। तुम तो एक मूर्ख, और ईमानदार आदमी लगते हो और जल्दी से लड़खड़ा जाते हो। सचमुच यह बहुत ही अच्छा पड़ोसी है और अच्छा खिलाड़ी है, लेकिन ऐलिज़ेंडर के काम के लिए! हाय, आपने देखा! कि किस तरह वह ठीक तरह से अपना पार्ट नहीं कर पाया! लेकिन अभी तो और रत्न आ रहे हैं! वे भी आकर किसी तरह अपनी-अपनी बात कहेंगे ही।

राजकुमारी : अच्छे पोम्पे! हटकर खड़े हो जाओ।

(विदूषक का प्रस्थान)

(होलोफर्नीज़ जूडाज़ और लड़का हरक्यूलीज़ बनकर आते हैं)

---

1. Painted cloth : एलैक्ज़ेंडर का कोट रंगीन था जिस पर एक शेर की तस्वीर थी। वह शेर एक गद्‌दी पर कुल्हाड़ी लिए बैठा हुआ उसमें चित्रित था।

होलोफर्नीज़ : यह छोटा-सा चूहा वह महान हरक्यूलीज़ बनने आया है जिसके दण्ड ने उस तीन सिर वाले कुत्ते सबैंरस को मारा था, और जब वह बच्चा था तो हाथ में लेकर साँपों का गला दबा दिया करता था। चूँकि यह अभी बहुत छोटा-सा लड़का है इसलिए मैं इसके लिए क्षमा-प्रार्थना करता हूँ। लड़के! जब जाओ तो अपने प्रस्थान में अपने-आपको कुछ ठीक रखना। बस, अब भाग जाओ।

(लड़के का प्रस्थान)

'मैं जूडाज़ हूँ'

ड्यूमेन : जूडाज़?

होलेफर्नीज़ : इस्केरियट नहीं श्रीमान! मैं तो जूडाज़ मैकेबियस कहलाता हूँ।

ड्यूमेन : जूडाज़ मैकेबियस कहलानेवाला बिलकुल जूडाज़ ही है।

बैरोने : एक प्यार करनेवाला विश्वासघाती! तुम जूडाज़ कैसे सिद्ध हो गए?

होलोफर्नीज़ : मैं जूडाज़ हूँ।

ड्यूमेन : और भी अधिक धिक्कार है तुम्हें जूडाज़।

होलोफर्नीज़ : क्या तात्पर्य है आपका श्रीमान?

बौएट : यही कि जूडाज़ स्वयं को फाँसी लगा ले।

होलोफर्नीज़ : शुरू करिए श्रीमान! आप मुझसे बड़े होने के नाते इस काम को अधिक जानते हैं।

बैरोने : बहुत ठीक। जूडाज़ भी अपने बड़े के बाद ही फाँसी पर लटकाया गया था।

होलोफर्नीज़ : शेरी शक्ल इन बातों से नहीं उतर सकती।

बैरोने : क्योंकि तुम्हारी शक्ल है ही नहीं।

होलोफर्नीज़ : यह क्या है?

बौएट : यह तो 'सिटर्न' बाजे का सिर है।

ड्यूमेन : एक बड़ी सुई का सिर है।

बैरोने : एक फन्दे में मुर्दे की खोपड़ी है।

लौंगेविले : एक पुराने रोमन सिक्के की शक्ल है, जो अब बड़ी ही मुश्किल से कहीं-कहीं मिलता है।

बौएट : सीज़र की तलवार की मूँठ का मोटा गेंद का-सा हिस्सा है यह तो!

ड्यूमेन : एक बोतल पर खुदा हुआ एक चेहरा ऐसा लगता है!

बैरोने : एक पिन में लगा हुआ एस.जार्ज का आधा गाल जैसा है।

ड्यूमेन : हाँ, और वह भी सीसे की पिन में पिरोया हुआ-सा!

बैरोने : वह पिन जो एक दाँत खींचने वाले की टोपी में लगी रहती है। अब बोलो आगे! हमने तुम्हें यह शक्ल दी है।

होलोफर्नीज़ : तुमने तो मेरी शक्ल को उलटे नीचे गिरा दिया है।

बैरोने : झूठ बोलते हो, हमने तुम्हें कई शक्लें दी हैं।

होलोफर्नीज़ : लेकिन उन सभी को तुमने नीचे झुका दिया है।

बैरोने : अगर तुम शेर होते तो हम ऐसा करते!

बौएट : लेकिन चूँकि यह एक गधा ही है, इसलिए इसको जाने दो। अच्छा विदा, प्रिय जूड! अब तुम क्यों ठहरे हुए हो यहाँ?

ड्यूमेन : अपने नाम के आखिरी शब्दों के कारण।

बैरोने : जूड के साथ आस लगाकर उसे दे दो, आस यानी गधा! बस 'जूडाज़' भाग जाओ यहाँ से।

होलोफर्नीज़ : यह सौजन्य और सहृदयता का व्यवहार नहीं है।

बौएट : जूडाज़ के लिए रोशनी लाओ। अन्धेरा है, कहीं जूडाज़ गिर नहीं पड़े।

(होलोफर्नीज़ का प्रस्थान)

राजकुमारी : हाय बेचारा मैकेबियस, किस तरह से परेशान किया गया है!

(आर्मेडो हैक्टर बनकर आता है)

बैरोने : एकिलीज़! अपना सिर छिपा लो। हैक्टर अस्त्र-शस्त्रों से सुसज्जित होकर आ रहा है।

ड्यूमेन : यद्यपि मेरे मज़ाक मेरी ओर ही लौटकर आते हैं, लेकिन अब

मैं प्रसन्न रहूँगा।

सम्राट् : इस सम्बन्ध में कहूँ। हैक्टर तो सिर्फ एक ट्रॉय-निवासी था!

बौएट : लेकिन क्या यह हैक्टर है?

सम्राट् : मेरे खयाल से हैक्टर तो ऐसे मरियल डीलडौल का नहीं था।

लौंगेविले : हैक्टर के लिए इसका पैर तो बहुत ही बड़ा है।

ड्यूमेन : अधिक निश्चित रूप से तो एक बछड़ा ही लगता है।

बौएट : नहीं, छोटे पैमाने पर सबसे अच्छा हैक्टर यही हो सकता है।

बैरोने : यह हैक्टर नहीं हो सकता।

ड्यूमेन : यह या तो परमात्मा है या कोई चित्रकार है, क्योंकि यह तो शक्लें बनाता है।

आर्मेडो : शक्तिशाली युद्ध-देवता ने, जो शस्त्रों का स्वामी है, हैक्टर को एक उपहार दिया था।

ड्यूमेन : मुलम्मा चढ़े हुए धातु का जायफल?

बैरोने : नींबू?

लौंगेविले : फल की अर्ध-विकसित कली वाला?

ड्यूमेन : कली! कटी[1] हुई तो नहीं!

आर्मेडो : शक्तिशाली युद्ध-देवता ने, जो शस्त्रों का स्वामी है, इलियन के उत्तराधिकारी हैक्टर को एक उपहार दिया था। ऐसा बहादुर था वह हैक्टर कि अपने खेमे से निकलकर सुबह से रात तक बराबर युद्ध किया करता था। मैं वही हैक्टर हूँ।

ड्यूमेन : वाह! टकसाल!

लौंगेविले : वाह! आवारा औरत?

आर्मेडो : लॉर्ड लौंगेविले। अपनी ज़बान को लगाम लगाकर रखिए।

लौंगेविले : इसके बजाय तो मुझे लगाम ढीली छोड़ देनी चाहिए, क्योंकि

---

1. Clove, Cloven : इन शब्दों पर 'पन' का प्रयोग हुआ है। लौंगेविले कली (Clove) के विषय में कहता है, परन्तु ड्यूमेन Cloven शब्द के द्वारा कटी हुई की बात कहता है। हमने कली और कटी का तार जोड़ा है।

यह ज़बान तो हैक्टर की तरफ ही भाग रही है।

ड्यूमेन : और हैक्टर एक कुत्ता है।

आर्मेडो : वह अच्छा योद्धा मरकर पूरी तरह सड़ चुका है। अब मरे की हड्डी तो मत पीटो प्रिय मूर्खो! लेकिन मैं तो अपना काम करूँ। जब यह जीवित था तो वह एक आदमी था। श्रीमती! कृपा करके मेरी बात सुनिए।

राजकुमारी : बोलो वीर हैक्टर! हमें इससे बड़ी प्रसन्नता प्राप्त हुई है।

आर्मेडो : मैं श्रीमती की जूती की हृदय में पूजा करता हूँ।

बौएट : अरे, यह तो उनके पैर की पूजा करके उनसे प्रेम करता है।

आर्मेडो : इस हैक्टर ने हैनीबाल को पराजित किया था। अरे, सभी चले गए?

विदूषक : दोस्त हैक्टर! वह तो चली गई। दो महीने हो गए उसको उस रास्ते में।

आर्मेडो : क्या मतलब?

विदूषक : जब तक तुम एक सच्चे ट्रॉय-निवासी नहीं बन जाते तब तक विश्वास करो, वह बेचारी स्त्री यहाँ से चली गई है। गर्भवती है वह। उसके पेट में बच्चा है। वह तुम्हारा ही है।

आर्मेडो : क्या तुम इन उच्च घराने के लोगों के सामने मुझे बदनाम करना चाहते हो? तुम इस धरती पर नहीं रहोगे।

विदूषक : तो फिर जैक्वेनिटा के लिए, जिसको हैक्टर ने गर्भवती बना दिया है, हैक्टर की पिटाई होगी और उस पोम्पे के लिए, जिसको उसने मार डाला है, उसको फाँसी पर लटका दिया जाएगा।

ड्यूमेन : अद्वितीय पोम्पे!

बौएट : प्रसिद्ध पोम्पे!

बैरोने : महान से भी महान; महान, महान, महान पोम्पे; विराट् पोम्पे।

ड्यूमेन : हैक्टर काँप रहा है।

बैरोने : पोम्पे के दिल पर असर हो गया है। छल और धूर्तता की देवियो!

उनको और उत्तेजित करो; और उकसाओ उन्हें!

ड्यूमेन : हैक्टर उसको चुनौती देगा।

बैरोने : अगर उसके शरीर में एक पिस्सू के पेट भरने के अलावा और अधिक आदमी का खून न हो तो अवश्य देगा।

आर्मेडो : उत्तरी ध्रुव की ओर हाथ करके कहता हूँ कि मैं तुम्हें चुनौती देता हूँ।

विदूषक : मैं एक उत्तरी आदमी की तरह एक धुर[1] लेकर नहीं लड़ूँगा। मैं तो तलवार के टुकड़े-टुकड़े कर डालूँगा। मैं प्रार्थना करता हूँ आपसे, मुझे हथियार ले लेने दीजिए।

ड्यूमेन : आवेश में भरे इन रत्नों को जगह दे दो।

विदूषक : मैं तो जगह अपनी कमीज़ में दूँगा?

ड्यूमेन : पूर्ण दृढ़ता रखने वाले पोम्पे! खूब!

लड़का : स्वामी। आइए, मैं आपके नीचे का बटन खोल देता हूँ। क्या आप नहीं देखते कि पोम्पे लड़ते वक्त अपनी कमीज़ उतार रहा है। क्या मतलब है आपका? आप अपनी स्थिति खो बैठेंगे।

आर्मेडो : सैनिकों और अन्य सज्जनो! मुझे क्षमा करिए। मैं अपनी कमीज़ पहने हुए हूँ, मैं नहीं लड़ूँगा।

ड्यूमेन : तुम इससे पीछे नहीं हट सकते, क्योंकि पोम्पे ने चुनौती दे रखी है।

आर्मेडो : श्रीमान! मैं पीछे हट भी सकता हूँ और हटूँगा भी, दोनों ही बातें हैं।

बैरोने : क्या कारण है इसका?

---

1. North pole इस शब्द पर चातुर्य दिखाया गया है। आर्मेडो उत्तरी ध्रुव (North pole) कहता है, लेकिन विदूषक उस शब्द को दो टुकड़ों में बाँटकर आर्मेडो का मज़ाक बना देता है। ध्रुव के लिए आगे के संवाद में हमने धुर शब्द का प्रयोग कर दिया है। धुर वह लकड़ी या लोहे का डण्डा होता है, जिसपर गाड़ी के पहिए घूमते हैं। डण्डे के अर्थ में ही हमने धुर का प्रयोग किया है।

आर्मेडो : इसका सबसे बड़ा कारण तो यह है कि मेरे पास कोई कमीज़ नहीं है। मैं तो मन में प्रायश्चित्त करता हुआ अपने शरीर को ऊन से ढकता हूँ।

बौएट : ठीक है, रोम में लिनन की कमी के कारण उसको यही आज्ञा मिली थी। तब से, मैं सच कहता हूँ, यह जैक्वेनिटा के उस तश्तरी ढकने के कपड़े को छोड़कर कुछ भी नहीं पहनता है। उसके आगे प्रेम की भीख माँगने के लिए सिर्फ इसका दिल है।

(एक सन्देशवाहक, जिसका नाम मार्केंडे है, आता है।)

मार्केंडे : भगवान आपकी रक्षा करे श्रीमती!

राजकुमारी : स्वागत है मार्केंडे! लेकिन तुमने तो आकर हमारे मनोरंजन में बाधा पहुँचा दी।

मार्केंडे : मुझे इसका दुःख है, श्रीमती! लेकिन जो समाचार मैं लाया हूँ वह इतना बोझिल है कि ज़बान उसको अधिक देर तक नहीं थामे रख सकती। आपके पिता सम्राट्...

राजकुमारी : क्या स्वर्गवास हो गया उनका?

मार्केंडे : बस यही बात है!

बैरोने : अभिनेताओ! बस समाप्त करो। अब इस दृश्य के सामने अन्धकार छाता हुआ दिखाई दे रहा है।

आर्मेडो : जहाँ तक मेरा प्रश्न है, मुझे कोई चिन्ता नहीं है, क्योंकि मैंने अपनी थोड़ी-सी दूरदर्शी बुद्धि से आपत्ति और अन्याय के दिन को देख लिया है; और मैं एक सैनिक की तरह अपने-आपको ठीक कर लूँगा।

(सभी रत्न चले जाते हैं)

सम्राट् : श्रीमती कैसी हैं?

राजकुमारी : बौएट! पूरी तैयारी कर लीजिए। आज रात को ही मैं यहाँ से जाना चाहती हूँ।

सम्राट् : नहीं श्रीमती! ऐसा मत करिए मेरी प्रार्थना मानकर ठहर जाइए।

राजकुमारी : मैं कहती हूँ, तैयारी कर लीजिए। सहृदय सरदारो! आपकी प्रार्थना और सुन्दर कार्यों के लिए मैं आपको धन्यवाद देती हूँ। अगर आपको इस बुद्धिमत्ता के कारण, जिससे आपने हमारे प्रति अपनी उपेक्षा को छिपाने का प्रयत्न किया था, हमारे हृदय को दुःख पहुँचा है; और इसी कारण बातचीत में अगर हमने किसी प्रकार की कठोरता दिखाई है तो इसके लिए दोषी आप ही हैं। बस विदा। श्रेष्ठ सरकार! दुःखी हृदय किसी प्रकार की चपल और आनन्द प्रकट करनेवाली वाणी को सहन नहीं कर सकता। मेरी बात का जितनी आसानी से निर्णय हो गया है, उसके लिए धन्यवाद देने को मेरे पास शब्द नहीं हैं। क्षमा करिए।

सम्राट् : अत्यावश्यकता के समय प्रत्येक कार्य अति वेग से करना चाहिए। और वह लम्बे अरसे के लिए कभी नहीं छोड़ा जाना चाहिए। इसलिए यद्यपि शोक के समय प्रेम की मधुर मुस्कान वर्जित है और धार्मिक न्याय भी इसी का ही पक्ष लेगा; लेकिन फिर भी चूँकि पहले प्रेम-व्यापार प्रारम्भ हुआ था, इसलिए अच्छा हो कि शोक के काले बादल आकर इस पर न मंडराएँ और इसको अपने उद्देश्य से विचलित न करें। जो साथी इस संसार से छूट गए हैं, उनके लिए शोक करने से कहीं अधिक लाभदायक, नए साथियों से मिलने पर आनन्द मनाना है।

राजकुमारी : मैं आपकी बात नहीं समझती। मेरा दुःख तो दूना है।

बैरोने : अपने दुःख को हटाकर सम्राट् की बात समझने की चेष्टा करिए। आप सबके लिए तो हमने यहाँ इतना समय गँवाया है और अपनी प्रतिज्ञा भी तोड़ दी है। सुन्दरियो! आपके सौन्दर्य ने हमको अपने उद्देश्य से विपरीत दिशा में हटाकर पतित किया है और इसी कारण हमारी स्थिति बड़ी उपहासास्पद हो गई है। प्रेम एक बड़ी ही बेतुकी बातों का मिला-जुला गीत है। एक बच्चे की तरह यह व्यर्थ इधर-उधर मूर्खतावश उछलता-कूदता है। आँख से ही यह

पैदा होता है, इसलिए आँख जैसा ही होता है; जैसे विभिन्न वस्तुओं के ऊपर आँख घूम जाती है उसी प्रकार यह प्रेम भी अनेक तरह की अजीब बातों, शक्लों और आदतों से भरा होता है। तो फिर यदि आपकी उन दिव्य सुन्दर ज्योति से पूर्ण आँखों से, जो प्रेम हमारे हृदय में पैदा हुआ, उसके वश में होकर हमने अपनी प्रतिज्ञा भंग कर दी, तो फिर इसके लिए उत्तरदायी तो ये ही आँखें हैं, जो अब इसे एक दोष के रूप में देखती हैं। इसलिए सुन्दरियो! हमारा प्रेम आपके प्रति है। इसलिए जो भूल या अपराध प्रेम ने किया है, वह भी आपका ही है। हमने तो एक बार ही अपने प्रति विश्वासघात किया है, लेकिन ऐसा हमने किया है केवल उसका विश्वास जीतने के लिए, जो हमें अपने प्रति तो झूठा बनाता है, किन्तु उनके प्रति सच्चा ही बनाता है। आपके सिवाय सुन्दरियो! वे और कोई नहीं हैं, इसलिए यद्यपि विश्वासघात स्वयं एक पाप है लेकिन इस परिस्थिति में वह भी पवित्र हो गया है।

राजकुमारी : हमको आपके प्रेम से भरे हुए पत्र मिल गए हैं; वे पत्र जो आपके प्रेम का सन्देश लेकर आए हैं। हमने उनको बैठकर पढ़ा था, तो सच, प्रेम और विवाह की बात का तो बड़ा अच्छा मज़ाक रहा और जो विनम्रता उनमें दिखाई गई है, वह तो बड़ी ही आनन्ददायक है; लेकिन हमने आपसे जितना भी सम्बन्ध रखा है, वह इससे अधिक कभी नहीं बढ़ा। इसीलिए हमने आपके इस प्रेम और इन प्रेम-पत्रों को एक अच्छे-खासे मज़ाक के रूप में ही लिया है।

ड्यूमेन : श्रीमती! हमारे पत्रों में तो मज़ाक से कहीं अधिक गम्भीरता थी।

लौंगेविले : इसी तरह हमारी दृष्टि में गम्भीरता थी।

रोज़ालिन : हमने तो ऐसा नहीं देखा।

सम्राट् : अब आखिरी क्षण में ही हमें अपने प्रेम का वरदान दीजिए।

राजकुमारी : इतना बड़ा सौदा करने के लिए जिसका कोई छोर ही न हो, यह समय तो बहुत कम रहेगा। नहीं, नहीं श्रीमान! आपने प्रेम के

कारण अपनी प्रतिज्ञा को भंग करके अपराध किया है, इसलिए अगर आप कुछ करना ही चाहते हैं तो जो मैं कहती हूँ वह करिए—अगर आप मेरे प्रेम के लिए, जबकि ऐसी कोई बात नहीं है, कुछ काम करना चाहते हैं तो वेग के साथ किसी निर्जन और सूनी कुटी की ओर जाइए और वहाँ संसार के सभी सुख-विलास से दूर रहिए। वहीं एक वर्ष तक रहिए। अगर इस तरह के कठोर और संयमपूर्ण जीवनकाल में भी आपके हृदय का प्रेम किसी प्रकार कम नहीं होता है, अगर उपवास, सर्दी, पाला, पतले कपड़े और कठोर शय्या का उत्पीड़न किसी प्रकार आपके प्रेम के उत्साह को ठण्डा नहीं करता है, तो फिर इस कठिन परीक्षा में सफल होकर एक वर्ष के पश्चात् मेरे पास आइए और इस कठोर जीवन की साक्षी देकर मुझे चुनौती दीजिए, मैं सौगन्ध खाकर कहती हूँ कि फिर मैं आपकी हो जाऊँगी। तब तक मुझे पिता की मृत्यु पर अपने आँसू बहा लेने दीजिए। अगर इसको आप स्वीकार नहीं करते तो फिर सदा के लिए हम एक-दूसरे को अपने-अपने हृदय से निकाल दें और विदा माँग लें।

सम्राट् : अगर इसको या इससे भी बड़ी बात को मैं अपने अहंकार में भरकर अस्वीकार करूँ तो मृत्यु आकर मुझे डस जाए।

बैरोने : मेरी प्रिया! मेरे लिए क्या आज्ञा है?

रोज़ालिन : अवश्य, आपका भी परिष्कार होना चाहिए। आप भी प्रतिज्ञा भंग करने के अपराधी हैं, इसलिए अगर आप मेरा प्रेम प्राप्त करना चाहते हैं तो एक वर्ष तक आप बिना विश्राम किए रोगी मनुष्यों की सेवा करेंगे।

ड्यूमेन : मेरी प्रिया! मेरे लिए क्या आज्ञा है?

कैथराइन : आप भी पत्नी चाहते हैं? तो फिर आपके लिए तो मेरी यही शुभकामना है कि भगवान आपके चेहरे पर दाढ़ी उगा दें और आपको स्वस्थ और ईमानदार बना दें। तिगुने प्यार के साथ, मैं इन तीन चीज़ों के लिए शुभकामना करती हूँ।

ड्यूमेन : ओ, क्या मैं यह कहूँ कि मैं आपको धन्यवाद देता हूँ, मेरी प्रिय पत्नी!

कैथराइन : अभी नहीं श्रीमान! बारह महीने और एक दिन तक तो मैं कोई प्रेमियों की-सी बात सुनूँगी ही नहीं। जब सम्राट् राजकुमारी के पास आएँ तभी आप आ जाइए। तब अगर मेरे पास अधिक प्रेम हुआ तो उसमें से कुछ मैं आपको दे दूँगी।

ड्यूमेन : तब तक मैं पूरी सच्चाई और विश्वास के साथ आपकी सेवा करूँगा।

कैथराइन : लेकिन इसके लिए शपथ मत कीजिए, ताकि आपको फिर शपथ तोड़ने के अपराध में अपराधी न बनना पड़े।

लौंगेविले : मेरिया क्या कहती हैं?

मेरिया : बारह महीने के बाद, मैं सच्चे साथी के लिए अपने काले गाउन को बदलूँगी।

लौंगेविले : मैं धैर्यपूर्वक प्रतीक्षा करूँगा, लेकिन समय बहुत लम्बा रखा है।

मेरिया : आपके ही बराबर है। कुछ ही इतनी लम्बाईवाले लोग इतनी कम उम्र के होते हैं।

बैरोने : क्या मेरी प्रिया कुछ पढ़ रही है? मेरी ओर देखिए। मेरे हृदय के द्वारस्वरूप इन आँखों की ओर देखिए कि किस तरह विनीत होकर कोई आपके कुछ शब्दों के लिए प्रतीक्षा कर रहा है। मुझे भी कोई सेवा बताइए, मेरी प्राणप्रिये!

रोज़ालिन : लॉर्ड बैरोने! आपको देखने से पहले प्रायः मैं आपके बारे में सुना करती थी और आपके बारे में सभी लोग यही कहते थे कि आप बड़े ही खुशदिल और मज़ाकिया आदमी हैं और बड़े-बड़े तीखे मज़ाक करते हैं। सुना था कि अपना सारा बुद्धि-कौशल आप उसमें दिखा देते हैं, लेकिन अगर आप मुझे प्राप्त करना चाहते हैं तो अपने अच्छे दिमाग से इस बीमारी को हटाना पड़ेगा। इसके बिना आप मेरा प्रेम नहीं प्राप्त कर पाएँगे। इसीलिए इन बारह महीनों के भीतर, दिन-प्रतिदिन, आप उन रोगियों के पास जाएँगे जो बिलकुल मूक

हैं, लेकिन फिर भी उन दुःख से व्याकुल प्राणियों से आप बातें करेंगे और अपने बुद्धि-कौशल से उन दुःखी और निराश प्राणियों को मुस्कराने के लिए प्रेरित करेंगे, यही आपका काम होगा।

बैरोने : क्या मृत्यु की छाया में लेटे प्राणियों को हँसने के लिए प्रेरित करूँ? यह नहीं हो सकता, यह तो असम्भव है। दुःखी प्राणी को किसी तरह भी सुख की ओर प्रेरित नहीं किया जा सकता, चाहे कितना भी हास-विनोद उसके सामने किया जाए।

रोज़ालिन : एक बढ़-चढ़कर बातें बनानेवाले उस मज़ाकिया आदमी का गला घोंटने का यही तो एक रास्ता है, जिसकी धाक कुछ थोथा मज़ाक पसन्द करने वाले बेवकूफों के बीच जम जाती है। मज़ाक की अच्छाई तो वह आदमी परख सकता है जो उसे सुनता है, न कि उसको कहनेवाला; इसलिए अगर अपने-अपने दुःख में व्याकुल और कराहते हुए वे प्राणी आपके इन मज़ाकों को सुन लें तो फिर अपनी इस आदत को जारी रखिए। तब मैं इस दोष के साथ ही, आपको अपना प्रेम समर्पित कर दूँगी। लेकिन अगर वे दुःखी रोगी इन मज़ाकों को पसन्द न करें, तो अपनी इस आदत को छोड़ दीजिए और तब मुझे बड़ी प्रसन्नता होगी कि आपने एक बहुत बड़े दोष को अपने से अलग करके अपने-आपको सुधार लिया और तब मैं आपकी होऊँगी।

बैरोने : बारह महीने! ठीक है। हो जो भी होना है; मैं एक अस्पताल में रहकर बारह महीने तक मज़ाक करूँगा।

राजकुमारी : अच्छा मेरे प्रिय श्रीमन्त! अब मैं आपसे विदा लेती हूँ।

सम्राट् : नहीं श्रीमती! हम आपको आपके रास्ते पर ले चलेंगे।

बैरोने : हमारा प्रेम एक पुराने नाटक की तरह समाप्त नहीं होता है। जैक को अभी जिल नहीं मिली? अगर ये सुन्दरियाँ कृपा कर देतीं तो हमारा यह प्रेम-व्यवहार एक सुखान्त नाटक के रूप में समाप्त हो जाता।

सम्राट् : आइए श्रीमान् इसमें अभी बारह महीने और एक दिन की देर है और तब यह इसी तरह समाप्त हो जाएगा।

बैरोने : एक नाटक के लिए यह तो बड़ा लम्बा अरसा है।

(आर्मेडो का प्रवेश)

आर्मेडो : श्रीमती, मेरी बात सुनिए।

राजकुमारी : क्या यही तो हैक्टर नहीं था?

ड्यूमेन : ट्रॉय का वीर योद्धा!

आर्मेडो : मैं आपका हाथ चूमकर यहाँ से चला जाऊँगा। मैंने तो जैक्वेनिटा के प्रेम के लिए तीन साल तक हल जोतने की शपथ ले ली है, लेकिन परम सम्माननीय श्रीमती! क्या उल्लू और कोयले के बीच जो संवाद दो विद्वानों ने बनाया है, आप उसको सुनेंगी? हमारे नाटक के अन्त में आना चाहिए था यह।

सम्राट् : हाँ, हाँ, बुला लाओ उनको शीघ्र। हम अवश्य सुनेंगे उसे।

आर्मेडो : अरे, आ जाओ।

(सभी का प्रवेश)

इस तरफ तो शीत है। इस तरफ वसन्त है। एक तो उल्लू का संवाद पढ़ेगा और दूसरा कोयल का।
हाँ, वसन्त! शुरू करो।

गीत
वसन्त

जब बैंगनी फूल खिलते हैं, पीली कलियाँ झूला करतीं,
रजतवर्ण के शुभ्र कुसुम की भीड़ हरे रंगों पर हिलती,
तब कोकिल तरु-तरु पर उड़ता अपने मीठे स्वर से गाता
छिपकर प्रेमी से मिलती स्त्री के पति पर रह-रह मुस्काता,

उसके मीठे राग किसी के कानों में रह-रह चुभते हैं,
यह वसन्त की ऋतु है, इसमें वेग वासना के हँसते हैं।
चरवाहे अपनी वंशी पर स्वप्निल राग गुँजा देते हैं,
भोर विहग के कलरव से ही वे किसान प्रातः जगते हैं,
पक्षी उड़ते, गिद्ध हुमकते, काक देखते हैं चंचल वन
कुमारियाँ रंगती अपने पट बड़े चाव से हो पुलकित मन,
तब कोकिल तरु पर उड़ता अपने मीठे स्वर से गाता
छिपकर प्रेमी से मिलती स्त्री के पति पर रह-रह मुस्काता
उसके मीठे राग किसी के कानों में रह-रह चुभते हैं
यह वसन्त की ऋतु है, इसमें वेग वासना के हँसते हैं।

शीत

जब भीतों पर तुहिन कणों की सघन छाया शोभित होती है,
जब चरवाहा कुटी सँवारा करता है अपनी हो आतुर,
जब ईंधन की आवश्यकता बोझा कन्धे पर ढोती है,
और दूध जम-जम जाता है जैसे बारम्बार सिहर कर,
जब जम जाता रुधिर, पंथ है बीहड़ होता,
तब उल्लू गाता है निशि में कर्कश होता—
गीत हर्ष का, और स्नान से हीन नवेली
बर्तन को ठण्डा करती है बैठ अकेली।
जबकि पवन चलता गुंजित है कोलाहल करता दिगंत में
और पादरी का श्रम खाँसी में डूबा करता है झुकता,
हिम पर बैठ विहग करते हैं चिन्तन यों विश्रान्त मनस में
नाक लाल-सी हो जाती है सारा लहू वहीं पर जमता
जबकि केंकड़े पकते हैं हिस-हिस स्वर होता

तब उल्लू गाता है निशि में कर्कश होता–
गीत हर्ष का, और स्नान में हीन नवेली,
बर्तन को ठण्डा करती है बैठ अकेली।[1]

आर्मेडो : संगीत और काव्य देवता के गीतों के बाद बुध देवता के शब्द तो कर्कश लगते हैं। अब आप उधर जाइए और हम इधर जाते हैं।

(सभी का प्रस्थान)

❑❑❑

---

1. इस गीत्त को भावार्थ लेकर प्रस्तुत किया गया है।